from
vision

from 13

拔一根頭髮，在幻想的森林中漫步

101個哲學的日常體驗

101 Expériences de Philosophie Quotidienne

作者／羅傑－坡爾・德瓦（Roger-Pol Droit）
譯者／胡引玉
責任編輯／湯皓全（初版）、江灝（二版）
封面設計／兒日設計
內文排版／李秀菊

出版者：大塊文化出版股份有限公司
www.locuspublishing.com
臺北市105022南京東路四段25號11樓
讀者服務專線：0800-006689
TEL：(02) 8712-3898 FAX：(02) 8712-3897
郵撥帳號：18955675
戶名：大塊文化出版股份有限公司
法律顧問：董安丹律師、顧慕堯律師

總經銷：大和書報圖書股份有限公司
地址：新北市新莊區五工五路2號
TEL：(02) 8990-2588 FAX：(02) 2290-1658

初版一刷：2003年4月
二版一刷：2022年2月
定價：新臺幣380元
ISBN：978-986-0777-84-0
Printed in Taiwan

拔一根頭髮，在幻想的森林中漫步

101個哲學的日常體驗

101 Expériences de Philosophie Quotidienne

羅傑-坡爾・德瓦（Roger-Pol Droit）——著

胡引玉——譯

目次

0. 日常生活的小探險

時間：隨時
素材：整個世界
作用：哲學的

這是一本消遣性質的書。它試著以輕鬆的方式點出生命要義。不同於巴斯卡（Pascal）的理論，書中強調重要的問題不一定與無聊瑣事相對立。雖然前者需要我們付出關注與精力，後者則會分散我們的注意力。但無意義的事也能發人省思，微不足道的事會引領你思考嚴肅的課題。深度本就源於淺薄。當然，這不是定律，並非必然如此。因為雞毛蒜皮的小事不見得一出現就富含哲思。

日常生活中有許多再平凡不過的情境，或不斷出現的動作、行為，都可能引發無數令人驚異的哲思。如果我們願意承認哲學不是一種純粹的理論，如果我們接受它可以從看待生命的獨特態度，以及哲人在感情、感知、意象、信仰、權力、思想觀點等各方面奇特的經驗汲取靈感，那麼這些留待我們親身體會的生活經驗，絕對可能成為激發哲思的誘因。

這本書的主要目的就是製造小小的契機，讓你藉由做某件事、說某些話，或透過夢想，有驚奇的發現，或覺察到自己對某個問題的困惑。換句話說，即創造一些微不足道的啟動事件，一些極小的推進力，讓你在玩的過程中，貼近事物根本。

書中一頁頁描述的每一項體驗，都要靠你親自去體會。你可以去比較、更動或加上自己的創作。但是絕對要親身經歷，去感受對所謂明顯事實的剝離感。這是有哲學家以來一直存在的問題：只要變換距離、變化角度，即使開始時僅止於極小範圍的改變，都能讓你以全然不同的觀點來看待事情。

如果這本消遣性質的書籍是有用的，主要還是因為它為你起了個頭，設計了一些異

乎尋常、刻意的、必要時還略帶荒誕的小體驗。每一次體驗的目的，都是要讓一般認定的明顯事實為之動搖。譬如，人的定位問題、外在世界的穩定性，或是文字的意義。每一種體驗的過程不同，最後的結論也不盡相同。好極了。你只要去實踐就成了。

當然，這些經驗建立在某些假設與信念上。尤其是將「我」視為另一個人，把世界看成一種幻覺，以時間作為誘餌，而對說不出的事物而言，語言猶如一層脆弱的薄紗，禮貌是暴行的延期償付令，喜悅是道德的表現，愛是人生追求的唯一境界。沒有人要被迫同意這所有的觀點，最重要的是每個人必須體驗它們在你心底掀起的漣漪。

當然，每一位女士也是如此。我根本不認為哲學是男性專利，即便過去曾經如此。而且我也不認為在書中的每個篇章，都必須有系統地加註「每個男人（或女人）」、你（妳）累了，指明以男（或女）讀者為對象。女性朋友如果要的話，可自行調整內容。

總而言之，這本消遣書可用以下兩個短句作結：

——「你到底要怎麼樣？」

——「你要往何處去？」

1. 呼喊自己的名字

時間：約20分鐘
素材：一個安靜的房間
作用：從自我中抽離

選一個安靜、最好沒有太多家具的房間，席地坐在中央。先專注於靜寂片刻，因為待會兒你得練習說與聽。專心聆聽四周極其微弱的聲響，要不了多久，這平和沉靜的氣氛將會中止。準備開口打破沉寂。

高聲唸出自己的名字。一個字一個字唸清楚，重複唸，大聲地唸。就好比你從遠處

呼喊一個人，他一直沒聽見。想像自己在叫喊一個認識的人，對方卻沒察覺到。你可能隔著一座田野呼叫、在河邊朝船上的他呼喊，或從一間屋子朝另一間屋子叫喊。

一開始的十五或二十次，你只會覺得自己像在自言自語，呼叫一個不在現場或難以接近的人，行徑有些荒唐可笑。你簡直不敢相信自己會徒勞無功地，一遍接一遍以各種聲調、拉長聲呼叫。繼續下去，反正房門是關的。慢慢地，你開始有被呼喚的感覺。最初模模糊糊，不易察覺，遲疑又不大肯定。此時最好坐定，專注於這個內在與外在不穩定平衡的狀態。再次機械式、無意識地大聲重複叫自己的名字數十次。這才意識到，那的確是你的聲音，但那也是從另一頭傳來的別人的聲音。

你的聲音並未一分為二。當然，人，也沒有分成兩半。只是你覺得自己彷彿成了兩面人，出現內在分裂的現象。是你在叫名字，卻不自覺；也的確有人呼叫你的名字，只是你不知叫聲從何而來。或許你跟別人一樣，很清楚「喊人」與「被喊」的都是自己，「你們」其實是同一個人。你雖然知道「你們」就是「你」一人，卻不再像過去感覺那麼實在與篤定。呼喚與被呼喚的似乎是同一人，又像是不同的兩個人。

這個經驗可以讓你於內在與外在世界、呼喊與聆聽的情境遊戲中，感受一段時間。你會覺得奇怪，這個平常再熟悉不過的名字，有時竟變得如此遙遠，也會領悟到：只有自覺是另一個人的時候，才有可能呼喊自己的名字。平時只有別人會這麼叫你，你怎樣都不可能如此稱呼自己。持續做下去，每隔一段時間就喊一喊自己的名字，有時扯開喉嚨呼喊也無妨。這麼做會引起小小的不自在，但感覺也不壞，還可以稍微從自我中抽離開來，在略微混亂的情境中自處片刻。

那麼最後該如何擺脫混亂？以什麼方法敉平兩者之間的距離，使之重新合而為一？

你只要以強而有力的聲音、再自然不過的態度說「是的，我做到了！」就可以了。

2. 掏空字意

時間：約2至3分鐘
素材：手邊的東西
作用：去除象徵意義

無須固定的場所，也沒有特定的時間。只要能確定呼叫的聲音沒人聽得見。在練習的過程中，最好不受干擾，免得你因害怕成為笑柄，覺得不自在；自言自語無所謂，遭窺視或嘲笑則會影響預定的結果。

那麼，就找個沒人聽得見你的地方吧。看手邊有什麼就拿什麼，日常用品：一枝

筆、一只手表、一個杯子，甚至服飾零件，鈕扣、腰帶、口袋、鞋帶都好。只要是平凡的事物，什麼都可以。你已經習慣它的名稱，以及它的存在。對你來說，這個東西向來就有特定的對應字眼。它們的配對是如此自然與正常。

將這個單純、普通、無害的東西拿在手邊。看著它，低聲重複它的名字。譬如，將鉛筆固定在手指間，重複唸：「鉛筆」、「鉛筆」、「鉛筆」、「鉛筆」、「鉛筆」、「鉛筆」、「鉛筆」、「鉛筆」、「鉛筆」、「鉛筆」。你可以繼續唸下去，但時間無須太長，要不了多久，這個原本熟悉的字眼開始變得陌生、僵化，你彷彿在反覆發出一連串奇怪的聲音。一連串愚蠢、無意義、不指涉什麼、不代表任何事物，又顯得荒誕、流暢而刺耳的聲音。

也許你孩童時期已玩過類似的遊戲。所有的人幾乎也都意識過，文字與事物之間的關係是如此脆弱。一旦經過扭曲、抽離，疏遠之後，它們之間的關係就不再簡單，甚至會變得複雜而無意義。原本的文字變成了冷漠、碎散的字眼，一如充塞著虛幻聲響的空殼。

你對事物本身的看法，也將大大改觀。它的材質彷彿變厚、變密、變粗了。與原本習慣對應的名稱剝離之後，它看起來如此奇怪。

這個老掉牙的「分解」遊戲，要不斷重複練習，以便觀察字義流失之後，文字以外的真實粗糙面。換句話說，一如在流暢的散文中尋覓真理。面對一件物品，重複唸好幾次它的名字，最後這些字眼竟然變得毫無意義。這不是很棒嗎？或者讓你覺得可怕？可笑？原本我們再熟悉不過的事物名稱，竟然就像一層脆弱的薄膜，三兩下就給剝落了。

3. 遍尋不著「我」

時間：不定
素材：無
作用：「我」的溶解

這是你最常使用的字眼之一。在一天當中，「我」在對話中頻頻出現。打從童年開始，你通常以「我」來表達自己的意願、失望、計畫、希望、各種行為、肉體的感覺、病痛、快樂、個人打算、不滿、體貼、對食物的喜好等，而不會用名字稱呼自己。長久以來，你將這個字與各種心理狀態連結起來，讓它深植在你的感情與回憶中。表面上看

來，它是不可或缺的。無論談話、評論都用得上；做任何決定、思考也都需要它。怪異的是，所有人用的都是同一個字。對每一個人來說，這個親密又獨一無二的稱呼，都無法先挑選、變更，其他人同樣會使用它。從語言學的角度來看，「我」這個語言代詞，一個再個人化不過的人稱代詞，竟然是所有人都可以交替使用的字眼。

誰都可以說：「我很滿足。」或：「我很傷心。」每個人都可以用同一個字稱呼自己。這是多麼矛盾的情況，但是你跟其他人一樣，可能從來不會去想它；平時要忙的事情那麼多，哪裡還會拿石頭砸自己的腳，好端端去思考這樣的問題。

無論如何，你還是得試著找出「我」到底在哪，它是否真的存在？要如何定位？該如何認定？如果你嘗試提出這些問題，再用心找答案，就可以體會到：「我」的定位與確認，並不是件容易的事。

這不是一蹴可幾、容易定出範疇的試驗，反倒像一段長時間的尋覓。它是必須靠時間，利用不同的場合，再憑藉某種程度的恆心毅力方能成就的事。簡單易懂的「我」，究竟在何處？你極可能花很多時間，在各種不同地方、以不同角度想找出答案。歷經一

番折騰後，卻依然一無所獲。真正有意思的階段，就從這裡開始。

你嘗試的種種方式，應該能喚醒自己身體的存在。這個獨一無二、又與別人有些類似的「我」，指的是否只是這個身體，它的習慣、缺點、軟弱與特性？如果你想在自己的身體內找到「我」，一如緣木求魚，因為你沒有一個細胞是十年前就存在的，你體內也沒有任何元素與十年前完全相同。那麼你口中的「我」，指的又是什麼？是外觀？整個身體？還是體內組織？通常，只是其思想而已。一切都隨時間改變了，只有你的回憶、你希望維持原樣的意念沒變。即便如此，你還是找不出「我」在哪裡。能找到的，只是你口中的「我」所能影響的思想、片段思緒、回憶、成串的點子及欲望。

「我」似乎在這所有的感受與心靈活動中，扮演共同目標的角色，卻無法構成一個支撐物或動能引擎，頂多看起來類似。他是思想與各種強烈感受所傳遞出的共同特質，一如顏色或香水般，是一種表現方式，也可說是一種風格。僅此而已。「我」既非什麼東西，也不是什麼人，更不只代表一個字而已。他可能是某種老習慣，或另一種相關的特質。

如果你能體會到這些，就該曉得接下來要怎麼做。這項驚人的發現，會對你的人生產生何種影響？你該如何從這個「我」的解構中全身而退？這又是另一門功課了。

4. 只讓世界存在20分鐘

時間：21分鐘
素材：一個世界及鐘擺
作用：驚恐或安心

往事會深植人心。就連最細微的動作也不例外。它盤據在思想裡，連看似一點都不在乎過去的人也不例外。未來也是如此，再小的計畫都不斷被它牽動，所有對遠景的幻想也都有它的影子。

如果我們試著解開這些可怕的束縛，就算是異想天開或只是為了好玩才這麼做，會

有什麼情況發生？盡可能想像，如果過去從不存在，而未來也不存在的景況。試著相信現在我們所擁有的世界，只能維繫二十分鐘。它是突然成形的，就在當下片刻，成為現在這個樣子，連我們也包括在內。前一分鐘它並不存在。現在世上所有的遺跡、古老廢墟、圖書館、建築、檔案，或遠或近的回憶，在同一瞬間顯現。儘管有文史資料，有證人，但他們口中的過去卻只有現在存在過。

這個原本無止盡、多元化的世界，如今只剩下二十分鐘的有限壽命。二十分鐘過後將完全消失，永遠地滅跡。原因既非宇宙大爆炸，也非無由的火災或無邊的烈火。它只是像個肥皂泡沫般，突然消失，又如同光一般，霎時停止發亮。

進入這個只有二十分鐘的世界。就某個角度而言，可以發現它跟我們的世界幾乎如出一轍：相同的大小，同樣的天空，沒有任何差異。同樣的一群人做同樣的事。再瞧清楚一點：這仍然是兩個不同的世界。在有限時間下的世界，看似與我們熟悉的世界一模一樣，實際上卻截然不同，因為它缺乏深度，少了真實的過去以及未來的遠景。在這個曇花一現的世界完全消失之前，對過去與未來存在幻覺的你，盡可能比較一下自己的思

想與此一精確時間限制下的存在，有多大的差異。你越能察覺到其間的差別與距離，越能感受到對自己而言，遠古的事物與未來的遠景有多麼重要。

在命定的二十分鐘期限逐漸接近時，你應該會暗自感受到一種恐懼感，因為一切就要煙消雲散了。

可能實際情況並不至於如此。你可以在第二十一分鐘時擺脫這股無端的恐懼。那麼，就放開心去感受世界持續運轉的輕鬆感吧！

或許接下來你將發現，在回味的同時，自己隱然有些惆悵感，因為沒有任何事物消弭於無形。

輸不起的傢伙……。

5. 星星落在下方

時間：30至60分鐘
素材：布滿星星的夜空
作用：宇宙的

最好是萬里無雲的夏夜。如果能置身在花園裡更棒。你躺在那兒，前後持續約一個小時。

你仰身躺著，凝視難以計數、又寬闊異常的星辰。在令人心安又神祕的夜裡，你必須一方面感到驚慌失措，一方面又覺得自在。

這裡的每一個畫面都有價值：柔和的乳白色、溫和的黑色，以及那群星閃爍，在在都令人體認到自身的渺小。這看似老生常談，但你仍要試著做到放任自己接受誘惑，全心全意沉醉其間。

靜心等待，直到你能感受到與土地緊密相連，幾乎被無邊的夜空緊壓在下，就像浩瀚宇宙中微不足道的一個小點。

這個體驗只是要推翻你對宇宙既有的認知。慢慢地，你要說服自己星星是在比你更低的地方。你懸浮於星星上方，被一股難以抗拒的力量固定在地上，而無盡的天空就在下方。你正飛越布滿星辰的深淵，而且隨時可能墜入這個無底洞。

這不是一蹴可幾的，需要一段適應時間，期間無須屏氣凝神，只要偶爾專注一下即可。整個過程彷彿3D立體影像的辨識。先長時間注視一張平面紙張，一張看似平滑、又布滿難解記號的紙，只要耐心等待，可能一轉眼，截然不同的影像便會浮現出來。

實際上，你可能會覺得所有的事物都在腳下方。

只須一點微不足道的轉變，一個呼吸，短暫的失神或不注意，你就可能慢慢偏離，
忘了土地的存在，天空也跟著往下滑落。
當你重新站起來時，速度要放慢一點，並且小心步伐。

6. 視眼前景物為一開展的畫布

時間：20至30分鐘
素材：幽靜的景致
作用：驚訝

在海邊或鄉下都可以，城市更好。選擇一個相對簡單、不喧鬧、幾近單調的景觀。避免過多的對比色彩及形狀。

找個地方坐定、沉思，但不必注意去看。你無所探索，目光可以隨意遊走，不用固定在某物上。漫不經心地以旁觀者的心態，瀏覽眼前整體的景致，彷彿無一事物能引起

你注意，或讓你的目光停滯下來。眼前沒有任何凹凸不平的表面，也幾乎無形狀可言。最後一切似乎變成在同一個平面上，就像幅畫一樣，是平的，沒有凸起的部分。這可能得花費一段時間。有時候也可能很快進入狀況。一切取決於你自己，你的心情，你所取的景致。

當你將眼前景物視為一個平滑的表面，內部沒有任何張力，就可以真正開始這趟經驗之旅。想像自己所見，從天空到地表，或靜、或動的事物，都只是出現在一張繃緊的巨型畫布上。這個巨型屏、「多樣化」的畫面，有完美的粒子及無可挑剔的清晰度。

如果你能做到這點，將眼前的一切視為一個彩色的、幾乎不動的畫布，或是一個龐大且古老的電影銀幕，便可開始想像畫布即將摺疊起來的景象。你將看到這個繪滿景物的大畫布摺起後，慢慢將空間讓給其他東西。

從哪個方向開始？從上方？下方？從一個角邊？或從垂直的一邊摺起？就看你喜歡囉。

這個經驗的目標是要讓你去感受世界可能被摺起。你必須略帶憂心去發掘它背後隱

藏的東西。那不見得是深不可測的夜，一團熊熊的火焰或深淵。可能什麼都沒有。重要的是，你要體認到世界隨時可能出現滑動、退避、不定的狀況。你得在面對眼前景物的同時，體會到這種輕微的不安。

在布幕升起前，你不能以中場休息幾分鐘為藉口，從這個經驗中抽身。無論如何，不可以用這種開玩笑的方式敷衍逃避。你知道布幕不等人。現實的種種是會敗壞的，世上所有理所當然的事物，也不無破功的可能。無論何時、何地，任何狀況都可能出其不意地發生。

7. 遺失某物、又忘了是什麼

時間：不定
素材：任意
作用：令人焦慮

我們可以做各種類型的準備工作，唯獨對遺失與遺忘無能為力。因此這項體驗無法事前策畫。兩種主要狀況必須碰巧一塊發生，才有可能進行嘗試。

你必須丟了一件東西，也很清楚自己一定遺忘在某個地方，但是卻記不起來是什麼。它可以是無關緊要或重要的東西。換句話說，你得是「雙重遺失」下的受害者：丟

了東西又喪失了記憶——這很少見，但並非毫無可能。

明知道丟了一件常用的東西，或別人託付之物，甚至一張你得負責保管好的紙……但是，怎麼想都想不出那究竟是什麼。

現在，你只覺得事物的延續性出現了模糊的一個洞，卻沒辦法描繪出更清晰的輪廓，把它辨識出來。這有如難以彌補的差錯，帶來一種雙重憂慮：忘了東西，又不知道那不明物件到底是什麼。

再次強調，這種情況的確罕見，連故意製造事件的發生也不容易。只能做好心理準備，等待這種難得的狀況突然出現。無論如何，它可能比我們想像中常見。可是，我們卻常常自我蒙蔽，將它們埋藏起來，湮滅痕跡。於是它們融入了日常生活微不足道的塵埃中，一如在陽光下才看得到的懸浮粒子。

而現在就是要等待時機到來，再將注意力轉移到上頭。如果運氣好，如此少見的事發生在你身上，不妨藉機讓自己置身在這種奇特的感覺裡，加以體驗。這裡指的奇特感覺不是懊悔，因為沒什麼內容可以讓你懊悔。也不是一種恥辱、局促不安或難以理解

的什麼。那是比較模糊、比較可怕的情況。「遺忘了遺忘」，只是「模糊地」知道遺忘事件的發生。然而什麼是「含糊地知道」？這種情況存在嗎？該怎麼稱呼它？如此迂迴的看法在時間上是以什麼方式存在？彷彿我們從外面看自己，但卻是在低能見度的情況下，橫橫斜斜地，以一種不完善、扭曲的角度來看。

如此一來，一種難以彌補的缺憾可能突然出現，讓你在無法清楚掌握其內容的情況下，心中浮現無名的恐懼。想知道更多的話，可以選讀一些相關的精神疾病或神祕主義的書籍。

8. 知道早上置身何處

時間：不定
素材：無
作用：懸疑

這是為過度忙碌的人設計的，無論是疲憊不堪的遊客、備受壓力啃噬的商人、生活緊張的決策人物，所有「做得太多」的人都適用。

最好等到一日將盡之時，或挑選喧雜混亂的一天，甚至先前好幾天忙得不可開交，四處奔波，紛擾不安。簡言之，這項體驗較適合在你幾乎耗盡力氣、筋疲力竭之餘進

行。當你開始感受到無法一手掌控全局的時候，就可以開始這次經驗之旅。你的思路不再清楚。掌握所有的改變與訊息，已經成了超乎能力範圍的事。

當你能感受這等程度的緊張壓力、疲勞及煩躁，以至於懷疑自己是否有能力繼續下去的時候，要進行這項體驗就很簡單了。你自問：我今天早上在哪裡？或者是：今天聽到的第一句話是什麼？我第一個約會是跟誰？晚上和什麼人一起度過？（諸此種種，依照你的生活模式而定。）很多人會毫不遲疑回答這些問題。他們可以立即知道自己何時起床，吃過、說過、讀過或聽到過什麼？見過什麼人？這些問題對於生活步調不斷重複、日子單調又一成不變的人來說，一點意思也沒有。他們馬上可以說出答案，因為今天的生活就跟平常一樣，而且向來如此。待在辦公室、商店、農場或工廠。沒什麼變化。

對於遊民、工作狂或剛變換工作的人，要重新做記憶的連結並不容易。當你有開不完的會、做不完的決定，東奔西跑，要弄清楚自己幾小時之前做過什麼事，可能很困難。重點不在失憶或記憶本身，而是遲疑背後的涵義。體驗一下遲疑片刻的感覺，幾秒

鐘或幾分鐘都行。你仍處於懸疑、猶豫階段，連此刻前不久自己做了哪些事都不知道。你很清楚自己曾置身某處，而且確信記得起來，答案將呼之欲出。然而，情況未獲改善，記憶仍斷斷續續，你依然遠離自我，與自己的時間有一段距離。你知道那的確是自己經歷過的片刻、說過的話，或在哪裡甦醒過。然而，當下腦中卻是一片空白，面對這些過去的缺口，你憂心忡忡，畢竟時間的持續已成理所當然之事。

9. 自己挑起短暫疼痛

時間：幾秒鐘
素材：無
作用：回神

你覺得無聊。表演節目沒完沒了。課程內容了無趣味。也許你在等一通電話，電話鈴卻遲遲未響。或你不知道要做什麼，還在猶豫不決。世界罩上了一層薄霧。你覺得自我意識變得模糊，彷彿身體輪廓開始消失，變得模糊不清，甚至愈來愈覺得輕飄飄，變成乳白透明。你再也弄不清自己是誰、置身何處。無聊感開始啃蝕你。

掐自己一下。重重地、狠狠地掐一下。要對準真正會痛的部位，手臂內側、頸部、腹股溝都可以。疼痛感必須很短促，卻痛到你幾乎要叫出聲來。但你也許會忍住。動作要快，免得自我防衛的本能壞了事。別給自己等待疼痛感或準備的時間。動作要突如其來，或許可以說：試著讓自己出其不意。盡可能讓自身一分為二，而且別看到另一個你的到來。疼痛感就像偶發事件、意外、巧遇般乍現，它迅如閃電，猛襲正處於迷糊狀態的你。

如果掐得夠猛，效果就很明顯：可以幫助你重返現實，找回自己的身軀，知道身在何處。模糊感隨之消失，你可以藉此從無聊感中脫身，重新回過神來。

接下來，只剩一個問題需要深思：為何疼痛感有助於重返現實？只是簡單的喚醒作用？突然的鮮明對比？或是數千年來，我們已預先設定生命就等於痛苦，「生活在痛苦當中」是一個人存在的第一項指標？真是令人百思莫解的問題。

10. 自覺永垂不朽

時間：不限
素材：無
作用：鬆口氣

人的永生並非神話，而是事實。無論如何，我們可以視之為可感知的事實，而不靠推理論證。只靠一長串抽象的推理過程，無法做出任何具體結論。永存於世的感覺，必須親身體會。這看似荒謬，但絕對值得一試。

想像自己展開永恆的感知之旅，就像要進行體內探索之旅一般。皮膚是在時間之中

的，它是屬於表面、最外層的。心臟有血液輸入與輸出，仍是在時間裡面，而肺與胃也分別在自己的節律中運作。沒有時間的空間，位於身體下部，在裡面。你可以在這處純粹的空間裡，在目光不可及之處，凝視時間薄膜的剝離。你將看到它像外殼般，從你和一些事物上脫離，滾向遠方。

假使你在場，便能看到自己的思想抽掉了串線，既不固定，又不留痕跡，你將看到當下所有的東西都在動，那是膨脹了的、變大的，延展成全宇宙大小的當下。

這項體驗主要是得從內心體會時間膚淺的特性。開始時，你會覺得遲疑，難以想像，之後會愈來愈覺得理所當然，並且終將覺悟到構成一個人最重要的核心，與時間的接續一點關係也沒有。你凝視它，與之為伴，卻不包含在其內。無論如何，這是你必須說服自己的一點。

問題不在於弄清楚事實是否真是如此。重要的是你誠心覺得那是真的，即使時間很短暫也無妨。事實上，生命如曇花一現並不重要。如果在時間不停歇、無止境而又斷斷續續的流逝當中，我們至少有過一次完全相信自己是永恆的經驗，就可以脫離時間的牽

制。即便是幻象也足夠了。

這項體驗僅此而已。真正的困難在於了解其內涵，以及是否能持之以恆地做，直到徹底明白為止。

11. 盲目撥電話

時間：20至30分鐘
素材：一線電話
作用：人性化

拿起話筒，開始撥電話。隨便什麼號碼，不必刻意選擇或控制。胡亂按數字鍵，看會出現什麼狀況。剛開始，你多半會失望。占線、撥錯號、靜悄悄沒反應或空號。不通就是不通。除非幸運之至，否則最初的嘗試幾乎都是白費力氣。電話不是亂撥就可以撥通的。存僥倖之心難以竟功，必須有組織地做。

開始時，得根據所在的國家，以及想撥通的地區，決定國碼、區碼，以及總共要撥幾個號碼。當然，你可以時而試國內電話，時而擴大範圍，撥世界其他地區的電話號碼（視個人心情、語言能力及預算而定）。

當然，這絕不是開玩笑，不是學世界各地的青少年用電話惡作劇。這也是在電話撥通後，你必須向對方澄清的第一件事。你開頭可能說：「我是隨意撥號撥通了這個電話。可以告訴我你是誰嗎？」但你也必須盡可能讓話筒另一端的人了解，此舉絕非為了開玩笑。

接下來就情況難料了。有人可能馬上吃閉門羹，聽到掛電話的聲音，有人或許會與曼徹斯特一家鋼鐵公司的總機，開始一段令人難以置信的對話。你可能會遭到羞辱，或在半匿名的情況下，與前一秒還不認得的人開始建立奇妙的關係。

這種經驗主要不是想教你如何不出門，就交到新朋友或泡上妞。不需要有罪惡感，但這並非你的目的。重要的是去感受人類世界是如此稠密，有時近，有時似乎又無窮遠。隨意撥電話只是在這個稠密的世界裡進行迷你探險的第一步。只能算是微乎其微的

歷險。瞬間的不自在，如同在緊湊的日子裡突然出現的一個裂縫或奇特的缺口。你只要掛斷電話，就能重新找回在家的感覺。然而卻不是即刻回神。因為事後總會有些餘音，迴盪在空氣中；或是一些混雜的思緒，存留在某個摸不清的地方。

12. 旅行後回到自己的房間

時間：10至20分鐘
素材：返回家園
作用：令人寬心

你得從遠方歸來，或離家很久，眼前不再是原本熟悉的事物。你必須睡過不同的床，習慣了他種飲食。到過一個氣候、生活步調、景致都不一樣的地方，聽到的是不同的語言，從事跟平時不一樣的活動。你的身心適應了新的習慣。現在家門已經不遠了，可以做自我探索的時間也到了。幾分鐘前，一些熟悉的標記再度躍然眼前。你半帶好奇

地凝視四周的馬路或街道，以及鄰近的房屋。你知道它們過去就是如此，但卻不是完全沒變。要說出哪些地方改變了，並不容易。你顯然說不出個所以然。然而，還是有什麼不對勁。不只是你自己或事物本身，也可能是你和它們之間有些東西起了變化。

你打開門，直接走進房間。躺在床上，專心環顧四周。你必須先重新適應房間大小，調整距離感與顏色。這些字眼都用得不是很恰當。整個過程很快，微妙之處實在難以有限字彙形容。你全然熟悉的空間，對它的布置與色彩瞭若指掌，但卻有好些日子不見。過去的感覺應該有所不同，重拾對一個空間的感受，會有既熟悉又有點距離的感覺。

專注於你可能遺忘的事物上。一些微不足道的細節，譬如：牆上的污斑、地毯的摺痕、地板上的小凹陷等。一些細節你雖然知道，卻沒有熟記在腦海裡，在變得模模糊糊之際，忽然又清晰出現，你當然會有些吃驚。試著在即將重新熟稔的昔日印記，與因缺席而生的差異性之間所形成的不穩定平衡下自處。這段浮動不定的時間很快會過去。要不了多久你就能重新習慣屋內所有的房間，讓旅途的一切成為過去。

在重拾工作與重新過習慣的日子之前，先問問自己：房間為何會等你回來？它為何能持續保有原狀？想要了解在你缺席期間，這項事實為何始終未變，並不容易。而你個人究竟做了什麼，才讓房間維持了原樣？你將它嵌入記憶的一角了嗎？你出力維持、保養、活化，還是保留了？當你不在的時候，房間是因為你、因為別人或其他事物，還是拜自己所賜，才未化為烏有，或得以維持原貌不受破壞？

當然，有人會聳聳肩，覺得這些問題很蠢。事物原本就不必做任何努力，就可以維持在原處。我們也能輕易再認出它們。就這個結論。其實不見得，事情沒那麼簡單。

13. 邊喝水邊尿尿

時間：1至2分鐘
素材：廁所與杯水
作用：敞開

數十萬年以來，無數人經歷過出生與死亡的過程，卻對死後世界一無所知。其實答案非常簡單，也十分有趣。

你跟所有人一樣會尿尿，然後在尿尿以外的時間喝水。但你可能沒想過，如果同時做這兩件事，會是何等光景。以下經驗可以提供你解答。

很簡單，先準備一大杯水，等到有尿意時，就開始邊喝邊尿。盡可能一口氣喝完，中間不要停頓。一種前所未有的奇特感覺會立即出現。你立刻開始幻想，尤其是體驗到一種截至目前為止，你無法想像自己身體可能會有的構造。喝下去的水，似乎直接從膀胱排了出來。要不了幾秒鐘，你就會發現喉嚨—尿道間出現一條直通管道，一條從胃直達膀胱的管道。從生理學的角度來看，這絕無可能。但你確實親身體驗過了。

在幾秒鐘之內，你創造了一個令人難以置信、簡化至極的身體，卻是你親身體驗過的身體。沒有腸子、腎臟，不需要時間等待，也省了過濾—滲析的過程。水在你體內垂直流通，新鮮的液體流過你體內，以怪誕卻具體的方式清洗你體內。你的身體似乎由內向外敞開，水在體內與體外靈活地循環流動，就好像宇宙間的流水，或像在進行自動清洗一般。

你可以不定期做一次這項實驗，既不用花半毛錢，還能不時提供你新的發現或驚奇。但可別把它當成了溫泉療法。

14. 在雙手之間做一道牆

時間：約10分鐘
素材：無
作用：一分為二

雙手合十，手掌與手掌、手指與手指相對，擺在與眼睛同高的位置。手掌分離，手指的指間相連。雙手手掌逐步貼近，但避免碰觸。雙手用力緊壓、撐住，擠壓最後一節指骨內部，亦即手指指腹的力道愈來愈強。

你的每一隻手必須交替張合，彷彿要推開一面牆時，力頂平坦而無生命力的牆面一

般。盡可能活動指關節，感受手掌肌肉的緊張力以及韌帶的伸展。重複做數十次緊壓與曲指的動作後，你將發現其中隱含的矛盾。

你不僅是施壓者，也是抵抗者。因為手是一邊一隻，使你產生一種不尋常的盲點，不知自己置身何處。你是另一個人，另一個人是你。做這項體驗的時間愈長，愈能感受到它怪誕的一面。因為你再也弄不清活動的一方在哪，不動的又在哪。對每一隻手來說，來自外界對抗它的力量，應該被視為不動如牆壁。但你兩隻手都有鮮活的力道，不似扁平的牆面。你看得到它們的皮膚，感覺得到脈搏——而不是一面牆。這一道想像中的牆、虛擬的牆，如今是具體、可供觸知的。你不知道如何為其定位。

雙手就在眼前，使情況變得更為複雜：你看到的與感覺到的有所出入。影像通常是一致的：兩隻對稱的手。感覺則異乎尋常地一分為二：每一隻手就像沒有知覺的另一隻手。在這個面對自我的體驗中，你可以在手對著手一再重複同樣動作的過程裡，體會到「我（他）是另一個他（我）」的感覺。

15. 在黑暗中行進

時間：幾秒鐘
素材：一個漆黑的房間
作用：困惑迷惘

驟然一片漆黑。停電了，你突然甦醒，生怕無法喚醒其他沉睡中的人……。為何停電並不重要，重要的是你在黑暗中行進。最好是突如其來，無法藉著光看清楚行進路線、障礙物和距離。你必須單憑記憶，在伸手不見五指的暗夜中，穿越一個平時瞭若指掌的房間。譬如臥房或客廳。這回要體驗的是「確定感」的中斷。儘管曾經走過無數

次，你卻依然在黑暗中摸索，彷彿在這處走過千百遍的熟悉空間中迷失了方向。從床邊到房門口要踏幾步？兩者之間沒有其他東西嗎？沙發的扶手在哪裡？床角呢？這些原本令你安心不已的地方，現在卻都充滿了問號。

最簡單不過的動作，如今都蘊藏危機。瞬時，一連串困惑感襲上心頭。特別是你失去了正確估算的能力。以往在亮光下你自認為熟悉的事，現在變得毫不確定。所有東西都變得難以掌握。你伸出手探索，唯恐撞到東西、碰到牆壁門框……。什麼都沒有。你繼續在偌大的空間中摸索。從第二秒鐘開始，一種因無知引發的遲鈍感上了身，你卻沒有立刻意會出來。黑暗讓你變得愚蠢，使你的頭腦混沌不清、方寸大亂。你猛然撞上衣櫃一角，因為先前根本沒料到它會在那裡。腦中一片錯亂，弄錯了自己所在的位置。黑暗中，突然撞上一件家具，你大腿上方最怕痛的部位，被尖角猛撞個正著。

沒有光線，你所有的估算都走了樣。身體輪廓似乎變了形，你變得不知所措、沒有確定感，除非一小步一小步慢慢移動，否則不可能再隨意行動。其實你缺的東西並不多，所有熟知的事物都整齊地留在原位。不僅事物本身沒有移動，就連它們彼此之間的

關係，都保持原貌。然而，它們卻變得令人費解、遙遠，甚至有點威脅性。

黑暗中的世界跟光照之下的世界應該是「一樣的」，儘管如此，你仍可體驗到它徹底改變。人們口中的「世界」、「真實」、「正常的生活」，如今都處於一片薄層中，變得如此不堪一擊。

16. 冥想世界所有的角落

時間：20至30分鐘

素材：無

作用：愉悅感

老待在同一個地方令你感到厭煩。這個地方大小有限，日復一日都是同樣的東西，不再有驚奇甚至趣味存在。你再也受不了這獨一無二、恆久不變又封閉的地方。其實，要找出口並不難。放眼世界，有數不盡的新鮮地方，無論遠近，你可以同時冥想到它們。

許多著名景點，如：威尼斯的聖馬可廣場、聖城耶路撒冷的哭牆、鄰近紐約第五大道的中央公園入口、象牙海岸的雅穆蘇克羅大教堂、埃及的金字塔、哥本哈根的小美人魚雕像、布宜諾斯艾利斯的五月廣場、古羅馬的競技場、巴黎的香榭麗舍大道、北京的紫禁城、加州的比佛利山莊、莫斯科的紅場、雅典的帕德嫩神殿、倫敦的特拉法加廣場、德里的紅色城堡，以及伊斯坦堡的托普卡匹皇宮等，所有的政治運動紀念地點、廣場、建築、咖啡館、雕像，各類數之不盡、難以列出確切名單的名勝古蹟。

這還不夠。你還可以竭盡所能冥想無數不是頂級重要的地點，一些名不見經傳、沒有傲人背景的小地方，譬如：後院、小廣場、死胡同、小街道、小巷弄，甚至許多不怎麼起眼的角落，如工具間、穀倉、屋頂閣樓、食物貯藏室、酒窖、櫥櫃、車棚等。無論潮濕的熱帶地區、乾燥的沙漠地帶、濕冷有霧的地方，都要想到。還有棕櫚樹、樺樹、仙人掌或老樅樹生長的地方，甚至有白沙、紅岩石、泥濘、長年積雪之地，或是覆有純白浪花的深藍色大海等。

你全心投入，想像世界各角落的人們正在做什麼。有人正在享受魚水之歡，或作

樂、尖叫、哭泣、吃食，甚至瀕臨死亡、正在睡覺、冒汗、操勞、消磨時間，或是在吃驚、相互嫉妒、旅行、烹調、閱讀、返家途中、唱歌的當頭。

你可以浸淫在這方多元的世界裡，在千變萬化的世界中逍遙漫遊，你所處的地方，只是無邊世界的一個小點，卻足以涵蓋所有其他的點。所有的一切都在你的腦海裡。你和其他所有人一樣，永遠都能隨心所欲地支配。

17. 在腦海中削蘋果

時間：20至30分鐘
素材：無
作用：專注

我們通常自以為能頗為準確地回憶日常生活中的一切，認定周圍的事物、熟悉的地點、食物，或是一些習慣動作，都能隨時浮現在腦海裡。我們會認為在意識中（如果可以這麼說的話）打開一個螢幕，然後便能透過它，輕易而精確地看到所有熟悉的影像。回憶聲音甚至氣味可能比較困難，要在心裡讓觸覺記憶（如撫摸、輕觸、接吻）重現，

就更不容易。

無論如何，我們確信能頗為輕鬆、迅速地在腦海複製現實的想法，泰半可能只是一種幻想。

要體驗這種一般難以認清的困難，不妨試著在腦海中削蘋果。這看起來簡單，只要勾勒出蘋果、削刀、切口、果皮的模樣即可。其實不然。為了讓影像貼近現實，你必須先選定蘋果的種類，回憶它的大小、顏色，尤其是種子的模樣。你腦中的那顆蘋果，必須有如此多樣化的呈現，連果皮顏色的深淺變化，哪些部分明亮，哪些比較暗沉，還有其他花花綠綠、帶著小斑點或小傷痕的樣子，都得盡可能清楚呈現。想像削刀的外貌，是木製柄、塑膠柄，還是金屬柄？刀身是否有開槽切口？是磨光的，還是沒什麼光澤？有磨尖嗎？這是一把廚房用的菜刀、普通的餐用刀，還是鄉村風格的歐皮奈爾（**Opinel**）名刀，或質樸雅致的拉吉奧爾（**Laguiole**）刀具？

接下來你會怎麼做？一邊旋轉蘋果，一邊削皮，並且一口氣削下完整的一條果皮？或是先將它一分為四，再一塊接一塊削掉果皮？你必須透過如相片般清晰無誤的影像，

回想一刀刀削下蘋果皮的情形，而且動作要有如手術般精確。這麼做主要是讓削皮的景象如影片般，一秒接一秒、一幕接一幕，在你腦海中浮現，沒有停頓、失誤，也沒有模糊或遲疑的片刻。尤其要注意，不能有空白或重新來過的畫面，你無權做前後兩個場景的剪接。

除非經過一番訓練，或具有過人的能力，否則很難做到。你很可能思路中斷。蘋果的顏色或形狀變了，它的特點難以始終如一，果皮無法如預期般掉落，刀子不聽使喚，或是動作變得斷斷續續，影像也不時被打斷，要讓它們銜接無誤，實在很困難。如果你重複好幾次同樣的經驗，將可察覺到成效一次比一次好。進步可能很緩慢，或相對而言令你頗為吃力。但無論如何，這是個訓練專注力的好方法。這個經驗還可以讓你看清：人類的頭腦與真實面的距離如此之遙，要記住或正確無誤地讓事物原貌重現，並不如想像中容易。

18. 想像身體器官堆積的模樣

時間：30至40分鐘
素材：解剖板（非強制）
作用：冷酷

出發點很簡單。在人體上可以活動自如的手不足為懼，你甚至察覺不到它的存在。或者，如果它有什麼引你注意之處（纖細、靈敏，或粗短、四方、過短），那是一種有意義、活潑，能馬上帶來許多聯想的特徵。反之，看到一隻無力的、與身體分開隔離的手，你可能會愣住。如果那不是名人的手，只是個石膏模（伏爾泰或蕭邦等人的手），

效果就頗令人驚愕了。因此庫頁島人曾切下一名同胞的手，丟在即將啟航的貨船上，只為讓世人知道他們曾經存在過。

如果看到的是一堆手（發揮一下想像力，甚至只是石膏、硬紙板或木製的手），像成堆的物品一樣，一個接一個交疊，情況又有所不同，也許會更糟。萬一是同類型的人體碎塊，像沒用處、來歷不明的東西一般，雜亂疊成一堆，你更容易有種特別不自在的感覺。這跟肉攤扯不上關係。你穿越市場或大賣場的肉舖，可能會有噁心、厭煩的感覺，但卻不會覺得攤上陳列的成堆肉品有什麼稀奇。因為你知道那是日常食用品。

當你想像很多手掌、手臂或許多腳堆放在一起的情景，會有不知所措的反應。因為每一個手掌或腳，都會令人聯想到一個身體，它原本應該與上（或下）肢相連，隸屬於一個整體。另一個原因是，這堆東西本身又令它們動彈不得，使得荒謬落單的器官更令人害怕：擔心如果類似的荒謬遺棄事件發生在我們身上，該怎麼辦。我們對此束手無策。事實上，彼此相似的螺帽排放在一起，情況與其他任何領域的東西一樣容易令人理解。但把人類器官疊放在一起的動機，就讓人百思莫解。

除非真能看到這樣的景象，否則只能靠幻想。想像在你眼前堆放了大約百餘隻小腿，只是一隻隻的腿，它們膚色不一，各種年齡層都有，有的扁平，有的圓圓胖胖，有的布滿皺紋，有小的、也有大到出現靜脈曲張病徵的。毛茸茸、脫過毛、無血色、泛紅、帶青或帶血等不同特徵都有，放得橫七豎八。瞧瞧，有腳趾分開或交疊的，也有的指頭不見了，踝骨血管鮮明可見，甚至膝蓋凸出或模糊難辨。

你可以改用手指、肩膀、胸部來重複這項體驗。接著再以心臟、肺、肝做嘗試，但效果不如頭顱、扭曲的臉、睜開或閉起的雙眼、藍色的唇或大半黏住的頭髮來得驚人，只是前者可能比較令人作嘔。你甚至可以幻想一個不再有活人，所有人都被剁成碎塊、並排成堆的世界，從一個十字路口到另一個十字路口，成堆的人體器官散放在路旁，象徵一種世界新秩序的勝出。

19. 幻想自己在高處

時間：15至30分鐘
素材：封閉的房間
作用：上昇

你置身低處，任何地方都可以，與海平面同高或幾乎比海平面高一點點。這項體驗主要是讓你試著想像周圍的事物提昇到很高的地方，譬如四千公尺處。純粹只是自我暗示。事實上，你周圍所見的東西，根本沒有任何變動。最好選一間無窗、看不到外界景物的房間。

你只需慢慢遁入一個比較透明、微弱的光線下，呼吸變得深沉而快速：因為空氣變稀薄了。可能的話，感受看看鼻孔內部有點刺癢的感覺。有時候，鬢角還會緊抽兩下。你可能有短暫的眩暈，覺得腦袋模模糊糊地，尤其胸口感到有點透不過氣來。這種感覺幾乎一直存在，動的時候更強烈。你意識到自己的動作明顯變慢了，舉止不若以往靈活，連思緒都變得斷斷續續。

剛開始時，可能很難一下子就達到這些效果。別猶豫，重新再來。不妨多試幾次，成效會明顯改善。只要有足夠的訓練，你就能隨心所欲體驗置身高處的感覺。

最後，就是要弄清這麼做的原因。相對來說，你會因此感到不舒服，卻不大看得出來明顯的好處。高度的改變似乎不會賦予我們任何新思維，也無法幫助我們悟出被明顯表相所掩蓋的事實。那麼，它好在哪裡？為何要製造幻覺，替自己找這麼多麻煩，然後相信一堆不真實的東西呢？實際上，你至少可以從中學會對所謂的客觀性起疑。而且將因此而確信：人有時也可以用身體來幻想這個世界。這可不是無足輕重的見證。

20. 想像自己瀕臨死亡

時間：5到10分鐘
素材：無
作用：輕鬆

我們時時刻刻有突然死亡的可能。那麼，就跟很多人一樣，想像自己搭乘飛機時面對死亡威脅的情景。也許你是駕駛汽車長途旅行。或是搭火車，在火車啟動後，同樣可能因一輛巴士、卡車、汽車，甚至一臺機車而喪命。你時時刻刻都處於光怪陸離的意外陰影下。事實上，當你靜下心來思考這個問題的時候，就沒有理由不去擔心死亡可能就

在咫尺。你避而不談這種假設的原因，並不單單由於死亡問題會引人不快，主要還是因為其可能性看似微乎其微。這不無道理。因為，相對而言，你一個小時（甚至明天）之後還活在世上的機率，就大得多了。那為何你開始要去煩惱這個幾乎不大可能發生的問題呢？

癥結就在此：人最後一定得面對死亡。然而我們無從得知會是哪一天、在何時。但凡是人，必有一死，無一例外。因此你必須想像自己的死亡，及其必然性。試想，你臨終時會是何等光景，想想自己的遺體、殯葬儀式，以及軀體的腐爛與屍骨。想像墓園以及骯髒的體液是何模樣。要知道，死後的你再也見不到陽光以及地球上的世界。你永遠也感受不到微風、潮濕、光、顏色與香氣。沒了肌肉，也不會再有被撫摸或被咬的感覺。

這些想法可能令人感到哀傷。但你只要了解不安的感覺有些荒謬、無厘頭，就可能如釋重負。在種種病態的思慮中，你必須以自己同時處於死與生的狀態為前提。你已經死了，否則不會埋葬，也不可能正在腐爛。但同時你也活得好好的，依然有感覺、有感

動。這就是荒謬之處。因為你是活生生的人，幻想才能出現在你腦海中；一旦死去，它們也將不復存在。

我們無法想像自己的死亡，死後的世界永遠是活人的想像。所有的幻想都出自生者的腦海。就算是病態、陰沉、殘酷的想像，甚至神遊布滿蜘蛛絲、地底擺滿棺木的地方，也是如此。確切地說，想像與死亡依然無所牽連。宇宙只有一個，除此之外別無他處。關於宇宙以外的世界，只能在心裡想像，根本無法從宇宙之外加以談論。你安心一點了嗎？當然不，但你卻能隱約感知生命與哲學的分野。前者代表恐慌、感動、不耐煩或激動；後者確信如果對死亡抱持正確觀念，一切都能迎刃而解。這就是錯誤所在。至少大體上是如此。

21. 試著衡量生命

時間：一生
素材：米尺、磅秤、血壓計、粒子加速器及其他相關用具
作用：虛幻

過去世上有不同的長度衡量單位。重量單位也可能每個省分都不一樣。計量單位的差異如此之大，致使我們從來不知如何精確說出一塊麵包的重量，或是一道門的大小。日常生活充滿約略、不協調的數字。基本上，過去我們習慣將世界量化，但它仍充滿不確定與不穩定性。

如果我們已做了修正、固定規格、統一計量單位。我們不停地衡量周圍的事物。做蛋糕，必須準備分量精確的材料；布置一間房間、修理一具引擎、建造一座迷你模型、修築一座菜園，在在都得遵照一定的基準，做些估算。你對度量衡的信心高過自己的估算（這也不無道理）。出外旅行一定要靠地圖、里程碑、飛行圖、六分儀、指南針、高度表、測度計、衛星站、雷達、全球衛星定位系統，以及各種新科技用品，確認方向。你也會衡量孩子，看他們有多重，並分析他們。你自己還經常成為數字計算的對象，譬如血液、尿液、糞便、精液的分析，細胞、皮膚取樣、照X光、活組織檢查、內視鏡檢查，進行各種評估、衡量與測試。人們測定你呼氣時碳氧化物含量有多少，你尿液中蛋白質或鉀的量，以及靜脈裡脂肪或糖的含量又有多少。因為身旁的親友，或你自己，也許兩者都會憂心你體重、血壓或血糖值的高低。

上述所有的分析都是有用的。但你也得透過想像，體驗出那些數字次要而虛幻的特性。例如，問問自己該如何衡量生命？用什麼工具？哪種計量單位？何種暗碼？依照什麼標準？你可能會認為自己的生命可以適度作出衡量：以你徒步完成的路程有多長，坐車

跑遍的里程有多少，或是以年、日、小時、秒數、心跳數、流淚量、排尿量、血液量，或者以肌肉、馬鈴薯、肉品的重量，乃至葡萄酒的公升數、弄黑的紙張數、浪費的時間，或甚至是付出、得到的愛有多少來計算？到底該如何衡量？

數字淹沒了世界，也掩蓋了事實。生命或許可以用連串的等號、尺寸、總量、精力來描述，但卻無法依此清楚計量。

22. 數到一千

時間：15到20分鐘
素材：無
作用：批判

表面看來，沒什麼特別的。數到一千需要花點時間（約略十五分鐘，亦即九百秒），可能有點無趣。一切似乎都在掌握中，應該很有規律性。你預料到這會是個機械性又乏味的演練。

然而情況並非如此，因為起起伏伏的歷程難免。途中會有輕鬆的路程，就像下坡，

直線往下的長斜坡，或是行經兩旁栽滿楊樹、法國大梧桐的老國道，然後接著走山丘、陡坡、坡道轉彎處，尤其接近五〇〇時會出現山麓丘陵。原本在你想像中碰到的應該盡是數字，如今卻遁入了童年之旅，小學操場、墨水瓶、制服、院子，以及書包裡的海棉，一一浮上心頭。你一會兒到了俄國的山裡，搭乘觀光小火車欣賞風景，一會兒又想到操行零分這檔子事。你亂數一氣。

原本應該是例行公事，機械性的數數，竟成了難以掌控的冒險。我是不是弄錯了十位數？忘了一個個位數？或百位數？我分心想別的事情時，有沒有出過錯？原本從一數到一千，應該是簡單持續而規律的工作，如今卻滿是單調困境與陷阱。你可能一不小心陷入一片空白，變得結結巴巴，完全不知該如何重新來過。就這樣一直下去嗎？

不，你這會兒數到了終點。學到了什麼呢？唯一的領悟是：一千已經是個大數目。你可以數完，但需要時間，需要整整一刻鐘的時間，經歷其中的高低起伏。你不可能整個擁抱這個數字，一眼就看透它。數完後，想想一千年或一千人都是很大的整體。一千乘以一千根本就超乎你的想像，更不用說十億（一千乘以一千再乘以一千），只能以理

性談論，不會讓你有任何感覺。因為數字實在大到你不知如何估量。那麼，花一點點時間，想想當今的人類吧。

23. 恐懼巴士的到站

時間：5到10分鐘
素材：一線巴士
作用：如釋重負

等待有兩面，它是平靜、沉思的機會：在期待的時刻來臨前，唯一能做的只是耐心等待。這種被動狀態或許可以成為快樂的源頭。無論如何，在時間流逝的同時，這麼想比較令人安心。等待也可能是恐怖的：基本上，什麼東西會突然出現，絕不可能完全在掌控之中，或完全預知。親自體驗這種沒有特定緣由的恐懼感，盡可能將它擴大，像置

放於放大鏡下方一般強化它，增加它的深度及時間的長度。

去公車站牌前等車，在公車到站之前，往往會有一段猶豫等待的時間。你無法確知必須等多久。公車可能碰上塞車、拋錨，或因突如其來的示威人潮，延誤了好一段時間。你要遲到了。這下得另找一種交通工具，想想看該如何提出解釋、先打電話報備，甚至改變行程因應。接下來一整天，可能都會在一連串遲到的狀況下疲於奔命，一幕接一幕的混亂插曲連番上演。

以這個小小的、再平常不過的不安為起點，進行轉換與渲染。告訴自己公車可能在恐怖分子控制下抵達、車裡裝滿炸藥，或是馬上就會剎車失靈。一連串難以阻擋的災難將隨之而來：它也許帶有一種新病毒，或一種致命的細菌武器。也許駕駛是個外星人，乘客都是他的同謀。前面幾站上車的人，都已在尖叫聲中喪命。

繼續想像更嚴重、可怕的狀況。就算一切顯得怪誕無比，連你自己都難以相信、或覺得滑稽可笑都沒關係。你依然相信一輛普普通通的公車，即將在預料中抵達。重要的是去體驗憂慮懼怕的感覺，即使是一丁點的害怕、稍微失去確定感也好。單單做出上述

種種令人難以置信的猜測，就埋下了一個伏筆。因為隱約感覺某種可怕事情可能發生的想法，就能為平淡而持續的日常生活，帶來一個微不足道的裂縫或斷層。

公車到站了，你走上車。咻！一切似乎都很正常。你真的那麼有把握嗎？

24. 在墓地裡奔跑

時間：1小時
素材：運動鞋、大墓園
作用：虔誠

墓園：平和又寧靜的地方。墓園內很適合沉思，做各種白日夢。花團錦簇，卻沒有人聲，是它的兩項優勢。頂多有幾位淚流滿面的哀悼者、幾名園丁。換句話說，都是「有事在身」的人。很少有散步、沒事閒逛、喜歡跑墓園的人群，或是死者的朋友。

在這種地方做稍長時間的跑步，似乎有些唐突。有人會視之為不得體的挑釁行徑、

愚昧戲謔的作法。或許這會是微不足道又無前例可循的輕罪，也可能引起譴責，或因此到國家執法機構做筆錄，甚至繳交罰款給國庫，這還可能是一種冒犯——無視死者家人的苦痛。對亡者應有的敬意，儘管沒有明文規定，卻是舉世公認的基本禮數。如果以攸關世界秩序、生者與死者之間的角色分配，這種我們認為更深層、更難以明確表達的動機來解釋，更加令人難以接受。專注不動的生者，與躺著永遠無法動彈的死者，前者能自由活動，後者不能。最好不要強調其對比性。來到生命已終結、沒有動作、不會言語的亡人長眠之處，切莫高聲吼叫或比手畫腳。在墓地中跑步的人，將承受內心的審判。

別受上述言論的影響。避開障礙，克服不安的感覺。一如往常，這麼做的意義會漸漸浮現出來。首先要選一雙良好的運動鞋（墓地走道經常布滿石子，障礙處處），再挑一座夠大的墓園。

大部分鄉下的墓地，在墳與墳之間散步蹓躂還滿好的，卻完全不適合跑步。

你終於開始投入這項奇特的體驗。開始時，當然會覺得有點為難，覺得自己這麼做不合適、不得體。你想到棺木內躺著的屍骨，彼此交疊、堆砌，縮小了、潮濕了、黑漆

一片，幾乎全被遺忘。你發現自己以輕快的步伐跨越他們，並不合宜。因為在僵化的死屍之間蹦跳移動，實在不應該。

置身於這樣的窘境，仍能樂在其中，便能從中獲益。無論如何，你是個活人，可以跑跳，並引以為樂。地底的他們可不行。這是沒辦法的事。而你何其有幸，熱血在血管裡流動，心臟也撲通撲通跳著。他們卻不知世事，走出了時間隧道與生命的軌道。你弓形的腳底著地，在醇濃的空氣中盡情移動。

若你能踏出第一步，這項體驗才有意義。你慢慢從退縮、不敢冒犯亡者的心結中走出來。漸漸跑到入神的時候，會覺得自己是不動的。到最後，動靜之間再無區別。即便你的步伐加大、變得規律、使勁呼吸，都沒有用，因為「不變性」成了定律。至少你可以感受到活動中的靜止，跑步中的休息，還有冒犯中的尊敬。你並非是要打擾死者。在墓與墓之間奔跑，像朋友般不掛慮這些人姓啥名啥，不正表示你是愛他們的？

25. 像瘋子般玩樂

時間：30至40年
素材：一個複雜的社會
作用：愉悅

過去曾有些瘋狂的人，成天瘋瘋癲癲、開開心心過，這些人是如何瘋狂玩樂的？他們對所有的人，都置之不理，也無視規則、禮節的存在。還經常放聲說話，恣意大笑，通常沒有固定住所。他們可能不按牌理出牌，藐視習俗，造成人們困擾。這些人穿過街道，越過河流，四處流浪，叛逆成性，游走在禮節與職責間。他們顛覆了虔誠的形象，

戲謔地模仿聖事，嘲弄天主教會的權威。

跟著這麼做。放開心瘋狂一下！或許今後再也無法在河上或路上找到有恃無恐、大吼大叫的人群。今天如果試著這麼做，可能很快就會蹲進牢房。你必須找其他替代方案。試著當一名評論家、專欄編輯、作家、小說家、藝術家、電影工作者、音樂家或街頭賣藝人。只是做一點改變，盡可能弄亂當前既有秩序。別夢想顛覆歷史，僅止於在置身之處撒點混亂的種子。破壞計畫，製造突發事件，打亂預期。說穿了，就是不再一味服從，要執拗地跨越社會規範。

當然，你平時得服從命令與權威。有時基於謹慎、因為怯懦，或為了逢迎某些強勢，甚至得阿諛奉承。下決心告訴自己，這些一點都不重要。有時為了需要，可以策略性地對人卑躬屈膝，但你一定要很確定，心裡仍有一些東西是不會屈服的。

用心保有一個自己能發揮的空間，並長久保持下去。要懂得迂迴行動。學習像西洋棋迷一樣耍點計策：有步驟地讓棋子突然出現在斜向的棋盤格上。運用斜行、橫步或者抄近道而行。逐漸熟悉後就會變得輕而易舉。要習慣為所有問題找出最不合宜、最不搭

調的答案。時而身體力行，看看會有什麼結果。

學會像瘋子一樣玩樂，最耗時而困難的境界，便是看透世間沒什麼真正重大的事。只要做到這一點，所有一切的一切從某種意義上來說，都會變得很可笑：生、死、人性、愛、宇宙、螞蟻、文字、金錢、職業、身體、思想、政治。還有其他事物。別忘了笑本身、玩樂、瘋子都包括在內。

26. 觀察窗邊的女人

時間：幾秒鐘
素材：隨機取材
作用：幻想

她在做白日夢、洗碗、凝視街景或抽菸，有時在看雲或晾衣物。她年紀可能二十歲或六十歲，大概很窮，也可能很有錢。也許漂亮，也許長得不怎麼樣。她看到你了，你們的目光相交。也可能情況並非如此。你只能看到她的側身或她迷惘的眼神。你自己也處於各種不同姿態。可能由上一層的窗戶由上往下看，站在同一層樓，或者只是由下往

上看的街頭過客。你清楚看到她的臉，也許只能遠遠地看到上半身，因為她彎著腰，或者她身體的一部分被窗簾遮住了。你清晰認出她衣服的款式、豐滿的胸部、隆起的肩膀和臂膀的肌膚。或者只能臆測出她模糊的輪廓，幾乎只是個朦朦朧朧的影子。沒關係。

無論如何，同樣的感動都會出現。透過那口窗，凝視一位待在家裡的陌生女人，時間短暫、看到的影像也不完整。你只是個過客，顯然對她一無所知。你們之間很可能什麼都不會發生。她只會是你生命當中的一場夢，一抹短暫的幻象。你心裡很清楚，就是如此而已。

但這並不表示你不能自編自導一齣戲。她看到你了，向你示意，你將跟她碰頭，兩人之間會展開一段不可能的故事，一段猛烈、甜蜜、不可測、天意使然、淫穢又溫存的激情。從第一秒鐘開始，她也應該知道世間往往有些令人難解、看似不可能的事，突然發生後就決定了你日後的一切。

一個男人的故事是如此。如果是女人，就得再調整故事內容，或者重新創造另一種版本。在欲望與眼神，性與象徵交織的架構下，再創造的內容難以預知。

走到了街道盡頭。什麼事也沒發生。日子依然得繼續過下去。下回見。

27. 創造生命

時間：數個月
素材：無
作用：令人難以應付

人們說，人生只有一回。也有人會告訴你，此生之前已經歷多次的輪迴。真相為何並不重要。重要的是你自己便能繁衍生命，體驗到他們的迅速增生。為了達到目的，你必須花相對較長的時間，體會這項頗為煩人的經驗。但是你所花的時間，最後絕對會值回票價。

利用幾週的時間，有系統地努力創造生命。告訴新的美髮師你在底特律當過計程車司機，後來又在紐約送過披薩。向一位遠親描述你在澳洲教書的歲月。和姪子們一起回憶過去忽略的地方，或是錯過的職業（無論如何，世事難料不是嗎？）、大大小小的奇遇、出外捕獵的故事，以及霧中港口的情景。

花點心思去做，不要只是東拼西湊而已。重覆好幾次同樣的故事。多加一點軼事細節潤飾，填補空白處，並去掉看似不真實的情節。跟同樣一群人複述同樣的故事。注意不要弄混。如果有需要，就做筆記、製卡片，將它們做成資料檔案。一定要堅持做下去。

幾個月之後，你會逐漸熟悉這些可能發生的生命故事。你將能回答許多相關的問題，提出無數的解釋。你描繪、陳述，重複講述各種時間重疊、但版本不同的傳記內容。尤其是，你可能已經讓許多人信以為真，他們或許還會將你所捏造的故事轉述給其他人聽。他們相信那真是你的故事。

為何不是你？你只要開始懷疑一切都是假的，分不清虛構與真實人生的分野在哪，

就已進入狀況了。或者這麼說也成，你得以再自然不過、毫不勉強的方式告訴自己，你不久以前一直認定的「真實人生」，其實跟其他故事一樣，都只是出於想像。僅此而已。

28. 從車內看人

時間：10至40分鐘
素材：汽車、司機、大城市
作用：隱形人

是過客才能嘗試這個經驗。當我們開車時，注意力當然都在車上，或是在該採取什麼動作、如何確保安全上，不可能被鄰近其他事物吸引。相反地，如果是搭別人的車，就可以毫無顧忌，整個投入，讓目光盡情探索滑移。被動地、充滿幻想而飄浮不定。車上的乘客處於一種特殊的「看戲」狀態，不需移動身體就能動，可以用頗快的速度在空

中盯梢，對外界進行探索卻不被看見。

你可以跳上一部計程車，坐在後座，或搭朋友的車（事實上，任何情境都可以），然後悄悄進行神遊。你最好置身在一座大城市。告訴自己是從飛毯上，或貼近地面浮動的箱子上，默默觀察往來的人群。你從人群中穿過，大家卻沒看到你。你看見他們生活中的一個動作、一個問號、一份憂心、一點緊張的情緒、欲望或期待。他們的服飾、步伐、臀部、肩膀、年紀、頭髮、商店及疲憊感，一切的一切不斷展現在你眼前。然而到了最後，一切突然都混在一起，並開始轉化，只剩下一抹難忘的眼神，或一個曲線完美的陌生女人影像。一些瞬間的感動，沒什麼大不了的感覺，一些馬上會被遺忘的「永遠」。

在你和這些活動的驅體間，這些經歷過苦難、哀愁，有過無數計畫的生命之間，只有玻璃與移動相隔。你隨時可以打開窗戶，但卻永遠只是過客。要經常在不同的地方，重複類似的體驗。可能的話，變換不同國家、不同的大陸，然後歸納出自己的結論。會有很多可能性。

29. 跟著螞蟻動

時間：約30分鐘
素材：一個螞蟻窩
作用：自省

所有人都有過類似經驗，但仍值得一試。花點時間觀察蟻群的活動，往往會引人深思。專注於牠們規律執拗的工作態度。就算你曾經做過一百遍，仍要仔細研究牠們如何彼此相隨，交錯而過，繪出一條會移動的規律路線。專心看螞蟻行經的路線圖、個體之間細微的差異、時而短暫的後退。發掘其中難以抗拒的英雄主義，以及與真實有所差距

的大車運輸。

再次深思一個大家都想過、再平凡不過的問題。問問看自己對蟻群的生活方式有什麼看法，反覆思考一個生物團體、一個沒有語言的社會，要如何運作。一個沒有人類的城市會如何？這個問題往往令人困惑。面對一個擁有多元化個體的組織，要調整心態，重新讀過法布爾（Fabre）[1]的作品，或《邁克羅梅加斯》（*Micromégas*）[2]及《布瓦爾與貝庫歇》（*Bouvard et Pécuchet*）[3]兩部小說。

最後，試想自己變成一隻螞蟻。推動一片麵包屑、從小石塊上滑下來，或繞著瓶子碎片行進的模樣。你如何知道要往何處去？應該要完成什麼樣的工作？肚子餓不餓？這是什麼意思？你怎麼想？那又是什麼意思？當一隻螞蟻會有什麼後果？

你知道這些是難以解答的問題。說世界只有一個，可能有點言過其實。事實上，宇

---

1 法國昆蟲學家，後半生傾全力寫作《昆蟲記》。
2 法國文豪伏爾泰的短篇小說，主角邁克羅梅加斯是小說中的巨人。
3 法國文豪福樓拜所著，近似百科全書性質的小說。

宙間有好些並列而彼此獨立、不相通的世界。螞蟻眼中的世界，並不等於人類口中的世界。前者甚至可說不包括在後者內，只能勉強說「坐落其中」而已。你從中得到的結論是：世界的多元化是始終存在的事實，但過去你卻未因此從中領悟一些東西。

總之，你體認到螞蟻並沒有為世人啟發新的想法，更遑論有趣的點子。

30. 吃一種不知名的東西

時間：幾分鐘
素材：可食用、但不知名的東西
作用：令人不安

一如往常，從再平凡不過的日常事物著手。唯一不同的是，要付出注意力，全心投入探究當下的感覺。仔細琢磨在這個沒有特別趣味的片刻，會發生什麼事。就地發掘出一個動作，一種感覺。往下走，走愈遠愈好。結果往往是什麼特別值得注意的事物也沒有，或碰到死胡同、絕境，必須放棄。有時候，反倒會在地下長廊的轉彎處，突然碰上

一處深坑、洞穴、一座巨大又深暗的地底山洞。

譬如：你可能好幾次吃到不知名的東西。也許你事前也沒有刻意提防。有好幾種不同的可能狀況：

置身一個不熟悉的習俗、語言、特產、地方菜、家常菜的國家，或到一間異國風味十足的食品雜貨店購物。簡言之，你可能曾吃過叫不出名稱的東西，一種你無法跟朋友形容：「我吃了一些……。」的食物。你必須運用迂迴的說法，透過一連串比較及組合的句子，形容它的顏色、成分、氣味及味道。「這有點像……，但是比較……，而且……，它聞起來很類似……，但嚐起來味道像……，顏色好比……。」

下回機會出現時，甚至就在嘗試新「東西」的時候，記得停下來。仔細探索會有什麼事發生。無論你覺得味道好或不好，都無所謂。最好你還滿喜歡的，可以自問：「我不知道它的名字，是否覺得少了什麼？味道是完整的，也沒什麼不好的地方，更談不上其他的缺點。」然而，單單就「不知它如何稱呼」這件事，就讓你感覺有哪邊不對勁，認為它不完整、不適宜而難以歸類。

一旦你叫得出它的名字，情況便為之改觀。但你愛不愛吃，依然不會變。你還是可以辨認出它原來所有的特質，卻是依據一種不同的角度來看。這食物將被納入文字能掌握的基礎知識網絡，安插附著在名稱所提供的方位標之下。

「知道名稱，味道就會改變」的說法，或許有些過了頭。但是名稱的確會改變我們對食物口味的態度，以及對它本身的看法。面對不知名的食物，品嚐時或許會比較存疑、注意、存著探索的心情。相反地，一旦知其名之後，我們在吃的是它的名字，是語言的片段，消化的是一截截的字詞。

那麼你現在可能會懷疑，我們一直在吃的是一些字，而非食物。我們的食欲不單源自於胃，也來自語言。品嚐味道的舌頭不僅在嘴裡，也在字典裡。

31. 在陽光下觀察灰塵

時間：15至30分鐘
素材：房間、光線
作用：使人安心

一間頗為陰暗的房間。百葉窗幾乎是閉合起來的，一絲陽光穿過窗子微小的空隙透進房內。強烈、大剌剌的陽光，斜射的晨曦或夕陽的餘暉皆可。穿過暗處的光線裡出現難以計數的光點，也許是人世間最令人動容、最美妙的景致之一。前旋後轉，穿過再穿越，維持及反射出亮度的數千道細小光芒。許多小點、小棒、細微的羽毛、絮團，空氣

中無數輕盈躍動的小東西，以細膩、認真及歡愉的方式，穿過光線，顯得無比忙碌。有的急速旋轉，路徑難以捉摸，軌道斷斷續續，純粹是生命的光芒。

這道光芒的奇蹟最令人陶醉的是它的密度。將兒時記憶、童年遊戲、鄉下的房子、衣櫥的氣味（如果有的話）擺一邊，只專注於這些令人驚訝的粒狀物上，光亮與黑暗的分界，突然變得如此生硬、清晰與直接，幾乎讓人產生觸碰得到的錯覺。亂竄的微粒在分界點的兩側顯現又消失，那就是我們能發揮想像的地方。

鮮少有簡單的經驗，能讓我們對一個原本不可見、卻突然顯現的世界，產生如此強烈的感情。在光線下，我們彷彿看到了附著在人類世界裡、一個不同空間的切面。一個在另一頭、背面的、別處的天地，像是突然被撬開似地冒了出來。隨時隨地有無盡灰塵閃爍的世界，會是什麼樣的光景？人類世界是不是到處都一直有個看不見卻存在的層面？那或許是我們可以觸及的面，一個嵌鑲在人類世界內的另一處空間？

現在我們是否只要弄清楚如何將百葉窗打開一點，就能窺清那個世界？

32. 抗拒疲勞

時間：可機動變化，大約數小時

素材：無

作用：洞察入微

生命與疲憊是難以分割的。我們不可能忘記努力，無視於緊張壓力的存在。擁有完完全全休息的片刻，宛如難以成真的夢想。人的一生得不斷消耗精力，承受疲憊的煎熬，對抗真實或想像的疲勞。如果我們能將疲勞視為努力之後的結果，那麼疲勞的起因就應該是不屈不撓，而非消沉。有太多人悲觀地視之為筋疲力竭、一種沉重的厄運，以

為自己會因此被壓垮、吞沒。在對抗疲憊感的拉鋸戰中，我們自認居於下風，深信自己缺乏力氣，認定自己一定無法逃避挫敗的命運。

疲勞很容易就變得跟霧濛濛的大洋一樣，船隻連人帶貨一旦深陷其中就難以自拔。筋疲力竭的人很快就會消失。他們以緩慢而規律的方式沉淪。鄉下地方長久以來就有這樣的說法：說某個人「很累了」，表示他不日之內即將死亡。

勇往直前，跟這種大幅衰退、筋疲力竭的念頭抗衡。首先，得拋開「疲勞只有一種」的偏見。確認疲勞有許多種，而且彼此之間沒有關聯。將它們辨認出來，試著在抗拒的同時以之為伴。因為對抗疲勞最有效的方法之一，並非反抗，或是集結最後所有的力量，抗拒席捲而來的疲憊感。相反地，你必須接受它的陪伴：別正面排拒疲勞，要學會浮行在如潮的疲勞之上。不要視之為障礙，反而要把它當成進步的動力，當作能載你往前的車輛或航行的工具。

練習從一種疲勞跳脫到另一種疲勞之中。習慣於迎戰它們。試著找出其中最適合你的疲勞特質，以及你最必須當心的疲勞種類。為此，你可以練習在酷熱的天氣裡步行、

長時間不闔眼睡覺、持續不停地埋首工作，或是在同一時間內做量大、繁多的事情、投入更多更多的房事，而且要變換各種方式，換句話說，亦即沒有一刻不在試著什麼都做。

無論如何，這總有喊停的一天。接下來要探討的問題是，停止的想法會讓你安心還是擔憂。

33. 吃過量

時間：2或3小時
素材：大量的食物
作用：不穩定

為了什麼原因並不重要。朋友聚餐、社交應酬、家庭聚會、突然餓得發慌，或到法國富饒的美食區做一番美食之旅……，在當今富足的社會裡，可能有多種不同的動機，會造成「吃太飽」這種常見的狀況。吃多了實在令人不舒服。譬如，你會覺得肚子很撐、腦袋沉沉的、精神恍惚、嘴巴多少有點黏糊糊的感覺。在上述種種不適的症狀外，

你還可能會感覺到頭痛、心悸、出汗、忽冷忽熱、吞氣症或腹脹氣。

這項體驗主要是想讓你學會控制這樣的突發狀況，並將之轉化為學習之旅。先排除所有飽意全消的可能，避免對造成你過飽的人有任何埋怨。不要怪罪自己或其他人。正視已存在的事實：你吃太多了，超乎身體所能承受的量，才造成不舒服感。木已成舟，事實就是如此，接下來，就順其自然吧。

無須抗拒，也不必考慮，讓自己跟著體驗種種變化：昏沉、甦醒、半睡半醒、清醒、模模糊糊、明亮、遲鈍，以及相對輕盈的感覺。將注意力集中在腸內大量下肚食物的消化，與重新恢復身體正常狀況之間的漫長角力上。與其以命定說默默承受這種種不適，不如再次將此視為一段探索自身與現實之旅的起點，即便看似粗俗也無妨。

譬如，探究吃完扁豆燉肉後意識狀態如何改變，普羅旺斯奶油烙鱈魚下肚，會造成怎樣特別的遲鈍感，以及吃了新鮮的肥鵝肝後引起的發熱感。記下這些狀況之後，你不必再觀察比較每一種菜餚之間產生作用的異同。只需跟著自我定位，在蜿蜒曲折的胃腸中進行混沌不明的航行。

如此一來，從一個片刻到另一個片刻，你顯然已經不是「同一個你」。如果一點澱粉食物，就可以改變我們的世界，些許的脂肪就能打倒我們，那就問問自己，什麼才是真正屬於我們的？是自由意志的長篇大論、信仰、身體、理性、道德法則，還是其他空泛又崇高的主題？幾道菜餚就可以剝奪你原本清醒的意識。不要忘記這點。

34. 假扮動物

時間：（反覆）10至20分鐘

素材：無

作用：突變

關起門。這段體驗的時間，絕對不要讓自己受到干擾。一旦你確定是獨自一個人置身平靜的空間，就可以開始扮成一種最適合你的動物。譬如，學狗呼吸的模樣，舌頭下垂，每吸一大口空氣，喉頭就發出嘶啞的聲音。大聲地嗅一嗅地毯，再將鼻子湊近家具的底部，轉圈圈。躺在地上，一個面頰貼近地面，或輕咬手肘、前腳等。或者，也可以

依你擅長的本領或當時的心情，學貓叫、學母雞、公羊、老虎或馬、牛的叫聲，一邊叫，一邊做這些動物的動作。

不要刻意模仿！假扮動物的目的不是要複製牠們的聲音，或展現牠們的姿態。或許你有模仿的天分。但在此派不上用場，甚至還可能成為一種障礙。因為你必須「進入」自選動物的角色當中。然後順其自然。盡量不要、甚至得避免去操控。依據當時的需要，開始發出低沉的叫聲或哼哼唧唧的聲音。放任自己不規則地喘氣，並在地上爬行。用頭摩擦牆壁或地面。垂涎、舔東西，動作笨拙或輕盈皆可。必要的話，不妨運用假牙，變換肌肉、氣味，或裝上爪子、鳥喙、羽毛、頭上的尖角。試著摸索，嘗試找出最適合自己的特殊管道。重複多次這樣的經驗，才會更有進步。至於最後會有什麼結果，難以保證。這並非要刻意引導你去了解什麼。完全要靠個人去感覺體會。

但無論如何，你很快會意識到，有些方法是可行的，有些卻行不通。相較之下，扮狼、獅子、大象或鬣狗、羚羊、白熊比較簡單。除了幾個特例，或有特殊才能者，假扮哺乳動物以外的對象就比較沒那麼容易。比方說扮螞蟻、蟑、蒼蠅、蜘蛛等，談何

容易。扮演蛇、蚯蚓等無脊椎動物，同樣不簡單。更何況魚類、鳥類及軟體動物，對一般人而言豈是那麼容易琢磨假扮的。至於龐大的細菌王國，則像個封閉的天地，難以捉摸。

總之，世界是很小的。

35. 凝視一隻鳥的死屍

時間：10至15分鐘
素材：一隻死鳥，最好已經死去好幾天
作用：沉思

鄉下到處可見小鳥的死屍，尤其在春天或盛夏時分。經常散步的人，一定見過。那或許是從鳥巢掉下來的雛鳥，或遭猛禽攻擊受傷而喪命的幼鳥，也可能是被獵槍的子彈擊落，躲藏到一處安靜角落默默死去的大鳥。別管牠的死因為何。如何死的、為什麼會死都不重要，也不要就這麼走過去不管牠。停下來注視這具死屍。

注意看看牠失去光澤、很可能已經覆滿灰塵或沾了點泥土的毛。仔細看牠變灰白、甚至已挖空的眼睛，或許已有螞蟻來來往往，或幾隻蛆在裡面蠕動。定睛看看牠軟弱無力、廢棄、散亂的腳，找一找牠細細小小、清晰可見的骨頭。可別忘了對一隻鳥兒來說，死屍沾滿泥濘，大刺刺地暴露在地上的屈辱與不幸。只是牠完全不知情，因為這種近乎奇特的深沉睡眠狀態，讓牠沒有了知覺。

如果你張大眼睛，看得夠仔細了，可能會開始意識到眼前的一幕很傷感。一個生命殞落了。一個變了樣的身體，橫躺在地上的小鳥，就僵在那兒。有點潰敗、受挫的味道。這項體驗的主要目的是讓你在經歷過後，看事情能看得愈清楚、明確。

你知道鳥兒再也不會復活，也不再有感覺。就是如此，無力回天，卻也沒有怨懟。沒有懷念，也沒有非難。面對這隻鳥的死屍，你看得愈久，愈能領會人世間沒有任何事物能引人遺憾。我們真正擁有的只有當下。你也開始領悟到牠是完美的，因為牠是唯一的。

剛開始這並不容易懂。但精確地說，這其實不是要你去了解，而是需要你去體驗而

已。無論如何，如果你眼睛睜得夠大，便能領悟到當下沒有其他世界要看。所有、僅有的就是這些，現在，在眼前的一切。在時空當中，沒有任何其他地方或其他時間是不同的、更好的、更可取的、可以比較的，或令人遺憾的。僅此而已。

36. 認出一件兒時的玩具

時間：難以預料
素材：過去曾屬於你的一件玩具
作用：減速

你清空頂樓或地下室。進入童年時期曾住過的房子。繼承祖父母或鄉下伯父的遺物。也許只是在翻東西時打開一個舊箱子。更特別的情況是在舊貨商的店裡翻找出來的。總之，一個你遺忘了的玩具突然出現。它必須是先前已經被你遺忘的一件東西，而且要完全忘記，沒有任何記憶。你腦子裡或許還存著一些幼年時期較熟悉的玩物影像。

再想起一些應該沒問題，但卻不包括眼前這一件。這個玩具已經從你的記憶裡消失，不大可能再浮現腦海，你也不會刻意去找它。

然而，它一出現，你就認了出來，毫不遲疑，完全憶起它的樣子。那曾經是你很親密、常把玩，再熟悉不過、又難分難捨的玩具。的確是你的東西，你認出它每一道顏料的光彩、每一道抓痕、每一道畫筆的痕跡。那裡有一條細小的裂痕、凹凸不平的邊緣、一小塊缺角，你都清清楚楚。你覺得一下子遁入了這個玩具的世界，陶醉在那段特別的時空當中。它的出現勾起你對往日的回憶，卻不可能因此而從當前的生活抽身。

這怎麼可能？為何如此鮮活、清晰的種種細節，一個接一個跳出腦海，看似如此難以接近，卻又可以隨時備用？它們一度消失，卻沒有從記憶中抹去。瞬間恢復了鮮活，或者應該說本身具有復活的能力。再精確探究其原因？是否當前的世界裡，涵蓋了一些其他的世界，卻不為眾人所知？我們日復一日過生活的同時，是否還被一些貯存起來的生命，一些虛擬的存在所環繞？

37. 無所事事地等待

時間：10分鐘到幾個小時
素材：等待室或類似的空間
作用：使人平靜緩和

這是一種特別的等待形式：你不能主動做什麼，你也確實知道會有結果，只是不曉得要等多久。醫院的候診室，行政機構、機場、車站的等待室均可，碰到罷工的日子尤其適合。你知道自己最後終究會看到診，文件資料會有人處理、飛機將會起飛、火車總會到站。這跟無法確實掌握最後是否會有結果、又十分憂心的情況截然不同。然而，被

動等待令你非常不自在：你完全使不上力，無法讓事情進展加速。你直接面對的是等待的時間，是難以超越、進展多少有點緩慢、又令人生厭的時光流轉。

許多人會覺得這種情況很難忍受。他們會想辦法殺時間：讀雜誌、小說、散文，做做筆記、看行事曆、整理資料、打手機、敲筆電或專注凝視往來過客。簡言之，他們會找點事情做，想法子填補這段無法進行其他活動、實現大大小小的點子，以及投入各種工作的時間。

你必須試試另一種完全相反的經驗。這段時間什麼都不要做。也別因此而不耐煩或覺得無聊。放任自己隨時間浮沉，因為你知道那是無可避免的，有你或沒有你，時光一樣留不住。你必須完全處於被動狀態，不要憂心任何事情。什麼事都可能發生，卻沒有一樣是你可以掌握的。放空自己，萎靡不振、不動、毫不在乎、任腦袋模模糊糊、心不在焉都沒關係。無論如何，時間不斷往前推進，等待的片刻終究會結束。你將發現根本沒有必要殺時間。時間不斷地「死亡」，它會「自我了結」，而且無限期持續下去。

38. 試著什麼都不要想

時間：10分、20分，然後30分鐘
素材：無
作用：不存在

這是走向極限的經驗。早上一起床，再度擁有一切時，什麼都不要想似乎很難做到，原因也可能是做不到或時間太少。因此只能嘗試看看。但是只要時間拉得長一點，就愈發顯得不可能。有人或許摸到了一點邊，有些人卻只能隱約看到影子。

為什麼「不思想」是不可能的事？這樣的經驗會讓我們脫離人性的影響，避免被無

止盡的語言淹沒。我們在遲鈍以及純淨、瞬間與動物性的生活邊緣搖擺。或者這麼說也可以：我們墜入神妙的、無底的、深不可測且緘默的境地。思想可能只是介於兩者之間拼湊而成的產物，既非全然神妙，也不只是變遲鈍而已。是在永恆與頃刻之間，或者是在靜默與話語、出席與缺席、生命與死亡間奮力向前的某種方式。

無論如何，思想不會完全終止。只可能短暫地、有限地停頓。但終究是可能、而且值得一試的經驗。剛開始嘗試，要一步一步慢慢來，分期、分階段去做。最重要的是不要緊張，放鬆心情順其自然。意志力在此只能迂迴、間接地發揮作用。不將其視為一項有待實現的計畫，而去思考「什麼都不要想」的這檔子事，可能也非明智之舉。最好清楚自己最後一定會面對失敗。因為在某個時間點上，終將有一個想法會找上門來。失敗是必然的。所以任何進步本身都有其價值。

最有效率的訓練是放任所有的思維略過。不要刻意阻止（這是不可能的），也不要緊抓不放（很有可能）。把思維當成雲朵飄過，雖無可避免，卻是遙遠的。學著跟天空一樣淡然處之。努力保持頭腦清醒，無須留意不斷出現的思緒。睜大眼睛向前看。就這

樣而已。原有對顏色、光線、氣息、皮膚、肌肉、周圍聲音的感覺還在，但是不要納入意識，更別說去想點子或發表演說。最後你總有幾次可以片段達到晴空萬里，置身空淨的光線之中，沒有激動，也不具形。

這些短暫的成功經驗可能影響深遠。它們的衝擊範圍遠超過事發的片刻。就算只有單一的成功經驗，它的影響仍將留存下來。

39. 上美容院

時間：1小時左右
素材：一間美容院
作用：弄亂頭髮

看似簡單。你走進美容院，先洗個頭，然後讓美髮師幫你修剪頭髮。剪掉一點點、一大撮或稍微修一下不剪短，都可以。這項體驗主要是引導你感受：看似再平常不過的剪髮，實際情況比表面看到的複雜許多。其實，你可以想像頭髮並非是與身體完全不相干的一部分，髮絲與身體之間的關係，並不容易了解。它們是死氣沉沉的，還是有生命

的？是無知覺的，還是有另一種神經穿過？頭髮是存在身體之外？身體內部？還是兩者之間？

當美髮師動剪刀時，會發生什麼事？或許髮絲與你的思想間接相連，剪完頭髮走出美容院時，你的思想會跟進來時大不相同。理髮師可能同時也為你梳理了靈魂，讓靈魂變得難以辨認，不能再正常運作，你彷彿難以再找回原來的自己。你或許完全變了個人，原本的內在受到了破壞。

或者，上一趟美容院讓你的外觀煥然一新。髮型不一樣了，一切彷彿也跟著變了，鼻子的樣子，眼睛的顏色，面頰的大小，整個身體都將產生變化，可能變大、變小，或變矮、變胖。

也許美髮師是大天使喬裝而成的，是上帝的使者，是臨近的救世主，可以讓你改頭換面，榮光滿身，乘著樂聲，帶著被拯救的愉悅心情，走出美容院。

無論迷失或獲救，你都將面臨與命運交會的決定性片刻。一個絕無僅有的改變，即將來臨。剪髮如同可怕的手術，或令人厭惡難當的煉丹術，足以教你目瞪口呆，心生罪

惡感，或成為內在大變動下的犧牲者。這是你必須說服自己相信的一點。

第二階段的體驗主要是以抗蝨洗髮精洗掉這些奇思異想。你深知其實什麼事都不會發生。你打算上美容院理個頭髮，如此而已。剪出來的髮型應該還不錯，多少符合先前你認定的「美」的標準。一些小小的出入無關緊要，沒啥大不了。

你的幻想到最後落了個空，但至少已親身體驗到幻象與現實之間的差距。現實往往淡而無味、平凡又簡單、缺乏新鮮感。但在某種意義上，卻可以使人心安。

40. 閉著眼睛沐浴

時間：5至10分鐘
素材：淋浴設備
作用：使人平和

你不知道水從哪裡來。不妨將眼睛閉起來，想像那是淋浴以外的東西，譬如熱帶地區的驟雨。你可能不是獨自一個人，旁邊有許多人圍觀。一幕戲開始成形，或許馬上會發展成一個完整的故事。就此打住，因為這不是重點所在。

只要去感受溫水、水滴、水注或水流給你的感覺。僅此而已，不要張開眼睛看，單

單傾聽水的聲音就好。站在溫水下，試著在拋開其他感官知覺、眼前沒有任何影像的情況下，維持一種單一的感覺。就只限於待在水下，站著，臉伸向蓮蓬頭，彷彿就只是水下的臉皮墊子。你沒有什麼要說的。維持呆滯的模樣，聚精會神領受水滴重重落下的感覺。就是這種感覺，或者差不多就是了。

持續不斷淋濕自己，但不需要全然融入。避免讓這一切近似某種形式的祈禱、心醉神迷、胡思亂想或盲目遊蕩。只是待在那兒，淋濕肌膚，就這麼簡單。有時候，無視其他東西的存在還滿困難的。思緒如潮水湧來，點子一個個跳脫出來。有些揮之不去的問題與煩憂，縈繞在腦海。水持續流過，沖淡一切。淋浴仍進行著。不要離開噴嘴口下小圈圈的範圍。

41. 在太陽下趴著睡覺

時間：1小時左右
素材：浴巾、太陽
作用：反叛

開始時，你只覺得有點昏沉，有些遲鈍。然後胸部壓在地上的力道愈來愈大，你呼吸變慢，身體的外形逐漸變得模糊，遙遠的尖叫聲也開始變弱。你只覺得熱氣像令人心安的毯子般緊貼在背部，而腿部像是被曬乾了。一陣微風吹走了酷熱天候造成的不適感。你只覺得自己有溫暖的陽光保護，而且它不停延展。你全身沉浸在柔和的陽光下，

赤裸著又很疲憊，但卻沒有一點怕冷的感覺。在即將入睡之際，這麼想就會令你心安不已。成了，睡著啦。

隔了一段時間之後甦醒，彎奇怪的感覺。實在談不上愜意。你不大清楚身在何處，為什麼睡了一覺，也不知怎麼做才能幫助自己脫離這種狀態。熱氣似乎占據了整個身體，你擔心被灼傷、招致皮膚癌病變、黑色素瘤隱隱乍現，或其他各種可能的病變轉移。在期待咖啡的同時，一種窮途末路的糟糕感覺開始浮現。

不要聽任擺布。別甩醫學，莫聽專家的謹慎之言，更不必理會想利用你害怕或審慎之心圖利的商人。你不可能待在一座裝了空調的洞穴中過活，成天只吃苦苣和香菇，喝清淨的水，避開所有輻射，直到老死。你很清楚自己終究得面對死亡，而且其間的歲月並不頂長，死時模樣可能也不怎麼好看。在揮別塵世的時刻來臨前，你愛怎麼睡就怎麼睡吧。依此類推。

42. 到馬戲團一遊

時間：2至3小時
素材：馬戲表演
作用：更加變通人情

要當心不喜歡看馬戲團表演的人。他們可能太講求效率，太自以為是到有點──冷酷。就算興趣不太濃厚，你也要嘗試坐在馬戲表演場欣賞演出的經驗，才能了解這點。最好選個規模小一點、名氣不要太大的馬戲團，幾近慘淡經營的更好。避開「麥迪遜廣場花園」（Madison Square Garden）、「巴納姆」（Barnum），或其他企業化的大型馬戲

團。置身其間，較難看出馬戲團夾雜悲慘與夢幻，令人動容的一面。

因為那些地方通常有令人倒胃口的事物。而且都是很根本、必然會存在的東西。譬如表演跑道上的鋸屑，馬、騾、驢糞的味道，老馬戲團的塵埃，以及帳篷布幕下羊毛粗脂的難聞氣味。另一個重點是它的空間密閉：圓形表演道、布幔圓頂、欄杆，馬戲團是一個專屬的特定空間，一個不會與其他空間混淆的世界。在某種意義上，與人類社會相似。

我們的目的是在這個特定的範圍內，打造一個泡沫般的幻境。最根本的方法，甚至可以說很笨拙或粗野的法子，就是利用亮片、有光彩的鉛質玻璃，一些會發光的東西。換句話說，在可憐悲慘的背景下，馬戲團有的是假寶石首飾、仿製品，一些假的奢侈品，漂亮的假貨、人造的便利，以及勉強擠出來的笑容。這正是馬戲團令人動容之處，也是它被稱為「人類社會簡單雛型」的原因。在卑賤、布滿污垢的環境裡，頑強地打造出來的一些短暫夢幻。每晚固定在八點半，週日則在下午三點上演。

因此，你必須找到通往馬戲團的路。花點時間排隊。掏出大筆鈔票，待在不舒適、

破爛又有怪味的地方。雖然坐得不舒服，卻必須待很久。你很輕易便能克服種種不適的感覺。你自信不會被這些不便壓垮，能跟著特技演員輕盈的身段以及魔術師的魔力起舞。你可以夢想一個布滿水晶球、被聚光燈切割，在喧鬧聲中露出笑容、竊喜的人類社會。舞臺上幾乎都是俊男美女，個個勇氣十足、值得稱揚、有道德感、能力頂尖，本事比一般人還大，全身散發出神一般的光環，身體柔軟、輕盈、矯健、輕飄飄的。你在這顆閃閃發亮的氣泡裡浮動了一段時間。

接下來就是最重要、最驚心動魄的時刻——演出中途出現了狀況。掉了一顆球、一名空中雜技演員臨陣退縮、參演的一隻鳥兒說什麼都不肯動，或是特技演員的褲襪破了個洞。可憐的一幕，拙劣的行徑乍現眼前，自尊心也跟著掃地。塵世的夢境出現了污點，如同撼人的挫敗般，多少都會傷人。這是人類執拗本性的寫照。你一定得不定期地再回馬戲團去感受一下。

43. 試穿衣服

時間：30至50分鐘
素材：時裝店
作用：愛好幻想

數千年前，衣服就不再只是用來禦寒、防雨，或用來蔽體遮羞而已。很難想像即使最原始的人類，也不只是以衣服保暖。服飾可能從一開始就兼具傳達象徵意義的功能。我們也藉此發現，人類學家在闡釋一個社會的傳統服飾時，不可能只限於簡單的實用範疇。服飾向來暗藏訊息，與權力遊戲、社會規範或社會角色關係密切。

人類以不特定的方式，在外貌打扮及服裝的含意上推陳出新。衣服傳遞社會階層、出身的訊息，也是特殊權力或遭受某種控制的表徵，它們可以透露出等級、個性、年齡、職業，以及個人禁忌、違抗或順從之事。人們會說：「我是生長在郊區的年輕人，穿上與中產階級同齡年輕人同樣品牌的服飾，為的是要走出自卑情結，哪裡知道選錯了色調，搭配又不得體。」或者：「我是生長在高級住宅區的富家千金，孩子大了，老公又很無趣，情人也好不到哪裡去。如果你上道，懂得如何跟旅館老闆使暗號，就試試運氣吧。」

你可以到服飾店試穿衣服，嘗試各種出其不意的裝扮，而不是為了「血拼」。因此可別像往常一樣，盡挑適合自己，符合個人品味、身分、境界、外貌、想像的服飾，要盡量挑不合宜的衣服試穿。穿上身會顯得太年輕、太老、太時髦、太俗氣、太鮮豔奪目或過於樸素的衣服都可以。總之，盡可能找不合適、十分極端，看起來怎麼都不對勁的衣服穿。如果每換上一襲奇裝異服，都會讓你覺得滑稽而哈哈大笑，那就對了。

想像自己就像小時候玩的紙娃娃，可以經常換裝，娃娃的肩上有兩條舌狀紙片，只

要將它們往背後翻摺，要換上各種風格的奇特服飾都可以。把自己想像成芭比娃娃或肯恩（Ken）娃娃。或盡可能裝扮成搖滾舞者、外交人員、商人、饒舌歌手、鄉下人、豬肉商、美術圖案設計者、獵鴨人、知識分子、街道清潔工、足球隊員，或是個小幹部。每回換上新裝，就等於重新進入一種生活：說話、吃食方式、住處、娛樂、旅行的安排都不一樣了。然後將所有的行頭擱在衣架上。向所有的店員致謝。

44. 認真書寫

時間：20至30分鐘
素材：好的書寫紙跟筆
作用：聚精會神

書寫並不是一種精神活動。應該先將它歸類為手部運動。我們所想到、寫在紙上所謂有含意的字句，重要性與趣味性不及書寫文字、畫出它們正確與美的輪廓，以及追求直線、弧線、環形與點的細部平衡。

要投入這項體驗，你得先全神貫注，以同樣的節奏、規律的方式，接續寫下閃過腦

海的句子。句子再怎麼平淡無奇都沒關係。再強調一次，你筆下文字的含意並不非常重要。符號的內容，人們口中所謂的「字義」是次要的。唯一有影響的是線條的規律性，你是否規律向前，是否按順序寫下了連貫、成形、可讀、比例均衡且清晰的字母。

專注於你肌肉正確、微幅的移動，以及原子筆的圓珠或鋼筆尖的塗鴨上。注意句與句之間最好不要停頓，或者盡量別停頓。維持同樣的速率。你寫什麼，無關緊要。只要有寫的動作便已足夠。書寫時盡可能避免加速或變慢。要仔細地寫，細心地畫，即使寫的過程十分無聊，也要持續下去，維持筆尖的流暢。筆尖墨水的流量變化愈少愈好。你必須做到近乎自動，達到幾近完美的持續性。再提醒一次，你嚴謹地勾勒筆畫，專心一致到愈來愈能機械式地隨心所欲，用字母與文字在紙上堆砌出橫的線條。

你可以寫下所有想到的東西，兒時回憶、菜單、新的詛咒、模仿警方可笑的報告、假期的明信片、內心告白、情書、報稅單、意外事件的筆錄等。重要的是，你每回下筆，都要盡可能不去管寫出的句子是什麼意思。無論它們有何意義，都得視為是為了接續文字才存在的。

這項實驗可以讓你體會到當句子向前推進、寫出一頁接一頁文字的同時，對語句含義無動於衷的感覺。一方面有觀念、句型結構、感情的變動、字義的竄動，邏輯與衝突的迅速增加。另一方面（但這可算是「一方面」嗎？），只有書寫的脈動，無任何含意，幾近純淨、自動，永遠只是為了往前推展而改變，為了不斷要求自我一致性而重複的規律性變化。

或許你會因此而體認到：所有我們認為自己說的以及想的事，都是一體兩面的。文字不僅是用來傳遞多少受到認同，表面看來可自由運用的意義。你可能也覺察到，日常書寫的律動本身，原本便存在一種祕密的、源源不絕而難以掌握的連續性。這與文字蘊含的意義毫無關係。跟文章要傳達的想法、訊息與感情也完全沒有牽連。只管認真書寫就好了。讓無止盡溢出的文字，穿越身體、思想、肌肉與紙張。

45. 在壁爐內生火

時間：15至20分鐘
素材：壁爐、木材、報紙
作用：原始

在壁爐內生火對你來說，可能是一種已喪失意義的古老儀式。你也知道要避開那些盲點，卻仍弄不清這些動作的意義。點火代表什麼，你一點概念也沒有。你甚至覺得奇怪，為什麼長久以來這個動作總會以一種奇特的方式感動你，令你著迷又感到心安。

要知道答案，不妨跟往昔一樣，進行點火的每個動作，但這回必須仔細觀看過程。

雙膝先著地，或蹲下、將壁爐的爐膛準備好，確定灰燼已除去或推到後面，看是否有足夠的通風空間。開始時使用的木材不要太大。用柴架、簡單的磚塊稍微架高，沒有的話幾塊木頭也行，以便讓空氣在下方流通。同樣為通風之故，別讓木頭緊貼在底部，要留出一個氣流流通的空間。加上適量的小木頭——柴捆、細枝，或裝運水果、蔬菜的木條箱均可。再將儲存的舊報紙切割成厚長條狀（不要用雜誌，報紙的燃燒效果較好），或拿幾張報紙扭成粗紙繩狀。避免將空間堵塞住，劈材下方要留空隙。

點燃幾張紙，再將小火炬放置在正中央。接下來幾分鐘最有趣。緊接著會產生的反應是：劈劈啪啪的聲音、鮮紅的火花，以及幾聲較響亮的劈啪聲。接著，木頭的噓噓聲開始出現。一旦紙張燒盡，疑慮隨之而起：火焰消失了，火炭幾乎已經不存在，只剩濃煙透露出一絲希望。煙仍然持續著，而且又濃又大。燒過的紙，邊緣仍殘留紅色的餘燼，一撮撮如流蘇般，到最後就完全熄滅了。你腦海裡突然湧現一個想法：火莫非永遠生不起來，可能哪裡出了錯（木材潮濕，報紙沒摺好，可能壓得太緊或弄得太鬆）。一切彷彿跟往常沒兩樣，但你還是有疑慮，有點愚蠢地、沒道理地、無緣由地認為火會點

不成。

你實在不知道臉頰是因為熱氣或憂心，才變得紅通通的。你對著僅餘稀疏火星的幾塊火炭吹氣，不見效果。煙變濃了，噓噓聲愈來愈響，但是火總是沒燒起來。你想，或許該加點紙，重新再來一遍。你遲疑著。一些強烈的、小小的火花，突然從濃煙中竄起，卻又在頃刻間消失。火彷彿是在瞬間冒出來的。現在你可得仔細觀察它的侵蝕方式，看它如何強占柴火上方，拂過它們的外皮，並軋製出凹凸火紅紋路的方式。一切進展順利。

你自問剛才為什麼會煩憂不已，現在又因何而安心。或許黑暗時代遺留的記憶，仍鮮活存在著。在當時，熄火猶如陷入地獄。每一道突然竄起的火焰，代表的是超越黑夜、飢餓、寒冷與死亡的神奇勝利。

46. 知道自己要說什麼

時間：幾分鐘

素材：無

作用：令人倉皇失措

重要的是要順著思路走，想想要說什麼，而不是去考慮文字的形式和它們的發音。

如果你曾想過這些，就不知道要怎麼再說下去，可能還會留下不愉快的經驗。這就像對著話筒講話，如果不斷傳回來的是自己的回音，你會難以接續下去。

事實上，我們從來不需要知道自己正在說話、正在沉默不語，或是說一件事時還

得聚精會神，希望將它完完全全表達出來。最好不要告訴自己：「我正在做自我表達，發聲講出句子。」這種作法可能致使你一個句子都說不出來。譬如，你得避免它干擾會議、政治性演說、課程的進行等，以及群眾有充分的理由期待演說不會無緣無故中斷。

通常你會跟所有人一樣，做到避免脫軌演出的程度。解決方法是對於正在進行中的談話，保持較低的、朦朧的或次要的位置。刻意死抱著意義不放，聚焦在句子本身以外的東西上。繼續下去，絕不要往後看或停滯不前，否則可能中止一切。只有向前才有說話的能力。

最後就是要了解這種情況會招致什麼奇特的後果。我們只有無視於言語的存在，才能講話。既知如此，就要把語言的存在放在暗處，別再去想它。我們當然可以去修飾話語，或按自己的心意說出句子，但重點不在此。我們只是不能去思考「自己正在講話」的這件事。

47. 淚灑電影院

時間：約90分鐘
素材：一支長片
作用：使人平靜

這部電影要有一定的特色：不至於深奧得只適合知識分子，必須很容易領會或預測劇情，可以一眼就猜出結局。這可能只有愛情故事適合。挑選距離銀幕很近的位子，彷彿你一點一滴也捨不得放過，忘卻了一切，完全融入劇中。總之，要相信看到的都是真實的、偉大的，而且意境極其優美又傷感。朝三暮四、輕佻成性或多愁善感，澈底戲劇

化，否則就稱不上是電影。因此不要懷有任何成見，或流於嚴肅。盡情拋開所有的疑慮、問號，大膽地、堅定地當一名好觀眾。

當有情人分手，女主角死去、謀殺成功、惡人得逞、蠢事成真、夢想落空或情人心碎了、小提琴的琴音變調、衝突出現時，就哭吧。讓斗大溫熱的淚珠隨之落下。不用考慮，也不必害羞。熱烈地、激情地，讓感情持續自由流露。在失望又安心之餘，你的情緒跟著劇情起伏，沒有半點招架能力。在忍受悲傷啃噬的同時，你也樂於解放情緒，毫不在乎其他人的眼光。

身處當今這個厚顏無恥、冷漠、誹謗、嘲諷充斥的時代，最好能以主動與自由的方式，體驗崇高的感情。不要刻意盤算，純為樂趣之故。這種任淚水傾洩而下、看似天真的作法，其實蘊藏一種獨特的樂趣，可以讓你放下人與人之間的屏障，暫時拆下身上的防衛鐵甲。

48. 與多年不見的朋友重逢

時間：2至3小時
素材：昔日友人
作用：按年代先後順序

這是我們在不同年齡都可以做的體驗。隨著人生階段的不同，它會為你帶來不一樣的感受。孩童時期跟兩、三年不見的玩伴碰了頭，就算已經到了有自覺的年齡，甚或兩人過去常玩在一起，也可能不大認得出對方。「這是安東尼，你知道嗎？還記得他嗎？仔細想想……你認出瑪西了吧？瞧瞧，她的眼睛向來就這模樣！」只得不好意思地笑一

笑，或眼神飄向他處。兩人將因此而結識，卻對過往毫無印象，或幾乎只存留一點模糊的記憶。

到了青少年時期，遇見一位久未謀面的朋友，可能覺得既有趣又有點窘。趣味與不安，都源自於雙方仍保有的特徵，和立刻可以辨識出來的模樣，與青少期正在成長的胸部、汗毛等，同時出現。於是兩人透過已成長的軀體，認出昔日的友伴。這讓你覺得很奇怪。

如果是成人，時間還可以拉長一點。十年、二十年、三十年，甚至更久沒見。在咖啡店或餐廳裡好奇地等待，不知是否可以認出彼此，也不知對方臉部會出現什麼表情，額上是否已爬滿皺紋，時間究竟在他（她）身上留下了什麼痕跡。一種恐懼與親切交雜的奇特感覺湧上心頭，卻不知懼怕的是對方，還是自己；是覺得對方親切，還是自己親切。

你一眼就認出友人（馬上認出什麼？眼睛？笑容？還是頭部的姿態？），接著便帶著懷疑的眼光，好奇地探索歲月對他（她）的摧殘。當然，對方老了。你很清楚自己也

是如此，只是看不到而已。幾天後兩人又逐漸熟絡。你可能因此心生一種奇特的感覺，突然開始憂心時間的印記也間接上了身，因為你懷疑自己也……。

49. 逛舊書店

時間：2至3小時
素材：好幾家舊書店
作用：胡言亂語

這不是意料中事。你在沒有事先安排的情況下，意外有了一點空閒時間，可能是兩個約會中間的空檔，或因罷工事件交通受阻。也許只是碰巧經過。總之，都不是事先預定的行程。你就這麼走進舊書店。在哪個城市、地區、國家或季節，都無所謂。進入書鄉，無論是單一的書店，或是書店街都好，最重要的是你整個人投入了這個充斥著書本

的世界。

你行經一座又一座書架，從一層看到另一層，走過一面牆到另一面牆，漫無目的地逛著。你彷彿被標題、作者、書中人物吸引，聽到每一本書的呼喚，呼喚著你走向它們。你猜測在每個封面的背後，一如關閉的窗戶或拉開的百葉窗後面，有著完整的生命與呼吸的氣息。在每一冊書裡，有許多人生在等著你。無論是一無是處的小人物，或是短暫的命運，都無所謂。一旦進入其中，你將為之著迷，而且長久又深遠。

競爭是激烈的。面對數千冊書籍，該如何揀選？你漸漸覺察到所有的書都在低語，想引人注意。「寶貝，要讀我嗎？」「帶我走，你不會後悔的……」「保證你一翻開我，就欲罷不能！」「我正在等你！帶我走！帶我走！」你很快走過，竊竊私語聲此起彼落。你聽到一些低沉的聲音，也感受到文章溫熱的呼吸氣息。

於是，你將能直接體認到：推銷文學一如賣淫，至少從某種角度來看是如此。每一本書都像妓女般，想盡辦法引人注意，吸引過客的目光，並設法延長被關注的時間。所有的藝術都是如此：作品們低聲道出所有淫穢的詞句，任人們的眼光在它們身上一一

游走。

到最後，你可能把書店看成妓院，將展覽視為放蕩的聚會，把文化定位為狂歡的宴席。儘管空閒的時間結束了，召喚依舊持續。而你心裡對藝術家也產生了一種深切的憐憫。

50. 變成音樂

時間：20至120分鐘
素材：一首音樂
作用：寫實主義

把喇叭聲幾乎轉到最大。挑一首喜歡的音樂，閉起雙眼。卸下各種形式的戒心，不必花任何心思去看、去聽或去思考它的內容。放鬆每一寸肌肉，讓身體往下沉，疲態外露，軟趴趴地攤平在長沙發上（或地上、床上）。其餘的都不必放在心上。

你滿腦子只有音樂。順其自然地等待。主動干預是無用的，甚至會造成反效果。完

全地、絕對地只有音樂為伴。不是音樂將占據你，而是你要自行解體，融入其中，乘著音符的翅膀，成為節奏與音色的一部分。此外，你也知道那是如何地不正確，編寫得不好或不夠確切。因為文字原本便不是為此而創造的。你必須等到語句消失了，這時人們甚至不會再說你飄浮在音樂之上。因為這句話要有意義，就必須在一個不同於樂聲本身的「你」依然存在的前題下。語句消失後，只剩下聲音以及純粹的脈動，而你自己也跟著成為音樂的化身了。

那麼你可以試著做個脫逃者（至少用迂迴的辦法），彷彿從被拋棄、無自主力的身體之外，自遠處看自己，而不要去思考「那是你」這檔子事。巫師和術士不都是放棄、離開肉體一段時間，從上方看自己的嗎？音樂的故事也是如此。你怎麼沒有早些想到這點？

這只是其中的一個步驟。做的過程當中經歷的片刻，才是神奇、特殊的魔力所在。變成音樂並不是為了去旅行。當我們繼續做下去，位移就不再是問題。地點、距離也不會構成困擾。很快地，不再有任何東西能讓你做自我定位，剩下的只有音樂。它甚至是

存在的主結構，是直接通往所有生命之鑰。而你將了悟下面這個你平時覺得艱澀難懂的句子，它所蘊含的真義是：「如果世界消失了，音樂仍將存留下來。」

51. 拔一根頭髮

時間：3秒鐘
素材：一根頭髮
作用：微不足道

這種痛非常輕微，小事一樁。只是純粹讓頭髮從頭皮上剝離，瞬間便能完成。你拉住頭上的一根頭髮，然後狠狠垂直拔下。或許令你遲疑，擔心那比想像中痛。也許你試了好幾次，最後才鼓足勇氣，在瞬間猛然將它拔除。

現在好了，頭髮已經在你手裡。只是你頭上這根頭髮原本生長的地方，出現一個小

小的亮點，如同一圈圈慢慢擴大的靜止的圓，逐漸往外放射。這種既清晰又模糊的痛楚，對你來說並不尋常，因為它開始時明確限定在某一點上，然後逐步模糊，最後幾乎難以區分。你只記得痛楚在頭皮上延展開來，卻不會覺得它還存在。

你可能會說，這真是個愚蠢的經驗。一無是處，一點趣味也沒有。你說的絕對有理。但這正是它值得發揮之處，可以讓你對許多既無意義、又沒有答案的問題，更有感覺。這會兒頭髮少掉一根了。方才頭上總共有幾根髮絲？現在又剩幾根？過去你從沒有為了頭上到底有幾根頭髮傷過腦筋？為何會對此漠不關心？少一根頭髮會變成禿頭嗎？一個人要掉多少頭髮才會產生禿頭的煩惱？有誰知道答案？

以上都是無解的問題，因為它們觸及界限的問題，以及身分界定的問題。然而這些界限不是明確的標線：因為我們知道某人不是禿頭，某人是，但卻無法以非常精確的方式，描繪出禿頭與非禿頭的界線。同樣地，我們也只能約略勾勒出自我的定位。但我們顯然是不明確，如光暈與霧般朦朧的群體，很難精確地知道自己正處於何等景況之下。我們將繼續一無所知，並繼續視拔頭髮為一種微不足道的痛。

52. 在幻想的森林中漫步

時間：2至3小時
素材：一座森林
作用：顛覆

最好是一座真實的森林。冬季比較適合。無論如何，要選一個可以用規律步伐，散步一段頗長的時間、而不會覺得燠熱難當的季節。最好呼吸極為規律。你不妨藉機拋去一切煩憂，以輕盈的步伐漫步一段時間，仔細調整呼吸與步子的規律性。

第一階段主要是透過不斷重複，讓自己在不假思索的情況下，產生一種自然而然

的律動。要確定你是否已「走出」森林漫步的節律，很簡單：只要突然停止走動，看自己是否仍持續原有的規律呼吸即可。如果樹木依然在前進，你就已經成功一半了。相反地，如果所有景物都跟你一樣定住了，要繼續下去，因為你還沒有「走進」故事的開端。

一旦你確定自己已經在節律當中，還是要持續下去。你將走進另一個國度。不必因此而求助仙女或精靈，地精或妖精。只要一點誠意，些許勇氣，外加一丁點熱忱即可。

你只要將森林想像成自己的靈魂。你走在自己的思想裡面。大樹群的錯綜複雜，樺樹的白色守衛（白蛾），潮濕的腐殖土與青苔，不，這一切不是在外面。藉由某種不透光的效果，面對不需弄清的內涵，一切都改變了。你正在自己的思想中閒逛，或許還會懷疑永遠無法走出自我。不要試著了解為何會如此。只要認定這些中間色調、明暗對比是在你裡面。林下灌木叢透出的微光、林中空地的寧靜、樹根無比的堅韌力，以及天空角落的白皙輕盈，這一切就像私有財產般，是屬於你的。

你模糊感覺到，靈魂或許沒有外部，如果有的話，我們也無從得知。

你可以從這個森林的遊戲中，自由歸納出一些嚴肅的結論。只要掌握以下的一點原則即可：想像從來不是，也絕不可能是加諸於事實，或與之對立、背道而馳，甚至混淆事實之物。我們永遠必須賦予事實本身一些想像的空間。

53. 獨自上街頭示威

時間：30至40分鐘
素材：一個自由的空間
作用：去政治化

你安靜地在街上閒逛。這只是個表相而已！儘管看起來什麼事都沒有，步履正常，動作也很平常，你卻正在進行示威遊行。這點只有你自己知道，其他人都猜不出來。沒有任何旗幟，就連一點嘶喊聲都聽不到。沒有任何線索或脫軌演出，足以彰顯你的行徑有任何特別之處。絲毫沒有不尋常的跡象。

你就這麼靜靜地走著，卻在腦海中呼喊口號。那都是極力批評政府、反對施政措施的口號。一些可笑的、有節律而激烈的標語。或許還摻雜了辱罵及誹謗性的語句，一些可能會觸法的言論。你向威權挑戰，無視於警察的存在，力促在位者正視輿論。你吼出決心，提出抗議。然而，沒有人知道這一切。擦身而過的女士，從身旁走過的孩童，都一無所知。就算在街角冷冷望著你的警察，也不知情。這不是一種示威抗議。你獨自一人又靜悄悄地。這只是一種體驗。但是要體驗什麼呢？

每個人都可能做許多沒有任何其他人知情的事。平靜的街道上，往來的人群彼此擦身而過，每個人卻忙著想自己的事，盤算下一步往哪兒走。這彷彿是個默劇舞臺，上演著祕密抗議，以及難以察覺的造反行動戲碼。

況且，事實就是如此。利用一秒鐘想想，一條再平常不過的街道上，無形中交織著各種濃烈的情緒。從剛才到現在，才在人行道上走了幾步，就跟一名恐怖分子、一名受癌症啃噬的婦人、一位絕望的失業者、一名毒癮發作的吸毒者、一位懷孕的青少年、一名非法移民，以及一個被放棄的希望，擦身而過，而你竟一無所知。顯然，你也無從知悉。

54. 待在吊床上

時間：不定

素材：一張吊床

作用：冒險

吊床無須太大。平底的吊床有如吊在半空中的床墊，最好不要考慮。也不要選用真實、不穩、難以駕馭的天然吊床。除非在吊床內出生，從小學會如何在裡面睡，在裡頭翻身，否則一開始都是很危險的。不要太衝動，或有任何冒失的舉動。最好整個人放輕鬆，全身懶洋洋地窩在吊床內。

你心裡必須了解，並非躺在吊床裡達到平衡，便可一勞永逸。就算你自認熟悉吊床的屬性，跌落的陰影仍不時籠罩著。確保平衡的最佳方式是：了解失衡墜落的情況可能突然發生。不明原因的危機隨時存在，你得接受吊床時時可能出現裂口的事實。但是知道有這麼回事就好，放輕鬆點，不要耿耿於懷。因為要避免墜地，唯有記得它可能會發生，並放鬆心情去面對這個持久的可能性。

總之，你可以從吊床的經驗學到如何在悲觀的情緒裡，將負荷減至最輕。畢竟，在最糟狀況始終可能發生、不可能永遠維持安穩的前提下，現實反而不再沉重，變得比較容易讓人接受。我們也能藉此擺脫確保安定的幻象，與被摔得粉碎的憂慮和平共處。維持一種輕盈的平衡是比較好的。

我們再重新回顧一下重點。摔落的可能始終存在，但也只是一種可能性而已。放任自己置身危險之中，反而會成為一種保護罩。這對最壞的狀況而言，顯得有些諷刺。在人生的道路上，我們當然也要像待在吊床上一樣，勇敢挺住。

55. 杜撰時事的標題

時間：約15分鐘
素材：紙、筆
作用：令人冷靜

你遠離一切。這情況可能會發生。手邊沒有收音機、電話，也沒有報紙或電視。完全與世隔絕。儘管如此，你仍希望能讀到自己所需的新聞。專家指出，現代人或多或少對新聞都有一定程度的依賴。有人一天得靠好幾次一定「劑量」的新聞解癮。有人只在早晨和晚間瞄個要聞。你可以藉由標題快速接收新聞，在戲劇表演中看到淡化的時事，

或直接透過電視螢幕、傳真、電子郵件或手機簡訊接收訊息。

這回，你完全處於孤絕的狀態，身邊沒有任何機器設備，眼前沒有一間房舍。但總得想法子「解饞」。沒有新聞來源？何不乾脆自行杜撰新聞標題？如此一來就有新聞可看囉！你將領悟到，事情沒有想像中難。在內政新聞方面有多種選擇，譬如一位部長級人物的辭官下臺、一連串新的施政措施（稅務、教育、交通、環保等各方面的議題。隨你喜歡）、一則醜聞、一項妥協、論戰或官方拜會之旅。在國際政治方面，無論戰爭報導或政變、專家集會（同樣依你喜歡，選擇貨幣、電子商務或漁獵等議題），甚至恐怖攻擊、地震、火災或水患等新聞皆可。

別忘了還有科技新聞：在人類複製技術上的突破性進展、器官走私案件曝光、資料儲存新素材的問市。再加一點文化消息：電影新片、新展覽介紹，或作家描繪等。如果你有意願，不妨繼續在「人物」新聞上著墨：女星離婚、兩則公主結婚的消息、一名歌手因開快車被捕。

最後，加幾則社會新聞：外省地區發生強姦案、市郊謀殺案件、高速公路車禍。好

了，除了一些次要內容，該有的新聞大概都齊備了。當然，你還可以很快地添加一小則氣象、股市行情報導，甚至彩券開獎的新聞。如果要聞摘要還缺一點東西，可以考慮高層政治人物的死訊、諾貝爾文學獎的頒發、著名電影工作者的回顧展，不外乎歌功頌德的評論與生平史實。

這項體驗的目的不在填補空缺，而是要讓你意會到：如潮的新聞日復一日地重複，同樣的東西不斷重現。談不上進展，沒有新鮮的事物。一般人可以輕而易舉製造假新聞，這正足以顯示：新聞是最沒有新意的東西，只會無止盡地陳述人類的苦難。總之，如果把這個沒啥吸引力的訊息說得漂亮一點，或許可以說新聞是能讓人聯想起新奇的偶發事件的東西。要是你時而重複這項體驗，或許能進一步體認到，成千上萬的新聞，其實沒有多大的重要性，也幾乎談不上真實性。那這究竟算不算是新聞呢？

56. 聽短波

時間：15至60分鐘
素材：一部短波收音機
作用：世界化

這已經成為老舊的戲法。在網際網路盛行和網路化的時代，收音機彷彿成了史前的產物，陳舊過時，而且幾乎不值一提。它使人想起古代的酚醛樹脂或絕緣膠帶等東西。那是另一個時代的產物，只是印記存留至今。但相對而言，陳舊並不表示我們不能再從中汲取某些美好的經驗。

想辦法找到一個短波收音機。最好等到入夜，收音狀況較佳，想像效果也比較好（但並不表示白天不能進行這樣的體驗）。打開收音機，慢慢地轉選臺鈕。最好對自己所聽的節目一無所知。如果有電臺或游標提供線索，也不要理會。避免在事前知道自己聽的是赫爾辛基、馬德里、拉巴斯或多倫多的節目。摸索著向前。戲法仍持續進行。

分分秒秒過去，你從一個世界逛到另一個世界。播音員的音色、說話方式、音調一直在變。你可以立刻辨認出一部分語言，其他則會令你茫然、猶疑。這是匈牙利文嗎？如果我們對此一無所知，又如何去分辨保加利亞文和羅馬尼亞文？北方國家的語言呢？亞洲的語文？你一方面覺得自己跟收音機裡正在說話的陌生人離得很近，又覺得距離很遠。你可以清楚聽到他們的聲音，有些人甚至好像近在咫尺。然而你卻不知他們身在何處，也搞不清楚他們正在說什麼，講的又是哪一種語言。

你在會說話的影子以及缺席的在場者圍繞下前進。你知道他們都活著，但是卻說不出是在什麼地方，從事哪些職業。你可以根據自己的意願，想像他們在裝潢簡樸或環境骯髒的錄音間裡，對著麥克風講話的情況，再想想聽他們節目的人當中，塞爾維亞的農

夫、開羅的商人、哥本哈根的企業幹部，各地居民都有，大家穿著不同的服飾，嗜好、憂慮也不盡相同。

而你碰到的是技術的謎團。在孤絕、安靜，以及盡你所能想像出來的燦爛孤立當中，周圍總會有些隱藏在空氣中、不靠機器難以辨認的東西，那是一些正在等待選臺鈕觸動的細微聲音，這數百個操著幾十種陌生或難辨語言的低語聲，是你永遠都解不開的謎，除非它們無止盡地擴展成一個個難以辨認、又不斷變換的「人臉麵團」。

57. 切斷電視的聲音

時間：約5分鐘
素材：一臺正在播放節目的電視
作用：有教育意義

很少人會以有效率的方式「看」電視。就算花很多時間坐在電視機前、一連觀賞許多節目的人，也不算真正在看電視。因為我們大部分的時間都在聽而已。電視同時傳遞影像與聲音，要兩者同時接收才有意義。無論節目很愚蠢或水準頗高，我們都是對整體的電視節目興趣濃厚，邊聽邊看。只是一般人不會仔細看螢幕上的影像，探索它們奇特

的地方。

首先，切掉電視的聲音，專心看影像就好。剛開始你會覺得非常愚蠢滑稽。螢幕中的人還真的有點可笑，他們不知怎麼地，有的正在爭論、狀似興奮、激動，也有播報員手舞足蹈、面帶笑容獻媚，接著又手舞足蹈、面帶笑容獻媚，然後在打出片頭字幕、下一位播報員出現前，再度手舞足蹈、面帶笑容獻媚。看著無聲的歌星、變啞的記者，張著口一聲都吭不出來、在沉默中喊叫的演員，以及沒有音樂與激情的廣告，還真有點好笑。

最糟的還不只這些。在多少有點深刻、有些笨拙的可笑背後，還隱藏著恐懼。一些機械性、僵化、可怕的東西，停駐在這些雙唇繼續徒然抖動、雙頰無端鼓起的臉孔上方。這裡指的並非屍體的死亡、冰冷，或是它們發白僵直的模樣。而是一種沒有生命的擺動，為逃避死亡徒然付出的努力，一種削弱的動作。

拋開憂慮與不安，一如擺脫可笑的感覺。停止譏笑，也不要再自己嚇自己。快速略過可笑與機械性的感覺。只是單純地去看這些影像在聲音被剝奪後會怎麼樣：變得平淡乏味，完全沒有味道，冷淡又空洞。電視機同樣能啟發人的智慧。

58. 重返看來變大的童年嬉戲地

時間：瞬間
素材：童年去過的地方
作用：錯位效果

這是每個人都可能有過的經驗。你對這個兒時嬉戲地的記憶深刻至極，印象中它非常大。那可能是個大型運動場、一望無際的空地、廣闊的庭院、偷閒時窩藏的地方，你奔跑、玩捉迷藏、埋伏之處，或是草原、荒原、未開發的森林。暴露在原野空地需要一點勇氣。從這一頭走到另一頭，也需要一些耐心及不少力氣。

你不是在那兒長大的。其間，也沒有機會回去看看，好逐步適應身高與地方大小比例的變化。成人後突然回去瞧瞧，看到的卻是非常小的空間。記憶中寬闊無比的地方，這會兒像是縮了一圈、變矮、變小。而實際上，什麼都沒變：整個地方的大小以及其他細微部分依舊，這個角落的窗戶還在，那面小牆幾乎也沒變黃。但它彷彿是昔日嬉戲地的模型而已，一個縮小了的模型，或是迷你建築。

體驗看看這種驚奇的特別之處，以及一種不尋常的不安感。你以自身為參考依據，卻沒有立即意識到自己已經長高了不少。換句話說，你只是本能地觀察到所有事物都改變了，似乎擠成了一堆，都變小了。這便是你突然間覺得自己成了個巨人的原因。

即使你知道不會這麼繼續下去，不安的感覺仍揮之不去。你的記憶與當前所看到的一切並不一致，而兩者卻都如此鮮明、彼此矛盾。置身清楚的記憶和你的現況之間，你不知如何自處，彷彿成了贅物，變得多餘。更擾人的是，你個人生命的延續性似乎也出了問題。

59. 習慣吃某種不喜歡的食物

時間：數年
素材：一種你討厭的食物
作用：使人開化

你實在不喜歡吃這種東西。就算在好幾種不同狀況下，每隔好一段時間，便老老實實，冒險嚐看看，前後好幾次，還是不行。你真的不喜歡！試吃的時候你並沒有生病，可是吃了以後卻無滿足感，也不覺得對胃。不是過敏作祟，純粹只是個人喜好問題。那麼，你就再嘗試看看。

開始的時候，不時泰然自若地嚐上一口，彷彿要大力彰顯自己不受束縛一般。接下來，慢慢增加品嚐的次數，並且更規律而簡單化。如果能連續堅持幾年，到後來可能不經意就會去吃這個你始終不喜歡的東西。吃它，成了再平常不過的事，不愉快的感覺逐漸減弱，你幾乎可以做到無動於衷。甚至到最後，這種食物會成為你的某種「嗜好」，原因不在它的味道（除非奇蹟出現，否則這味道始終令人憎惡），也不是基於你已習慣反覆吃它，主要是你克服原本強烈的反感後，對自我產生某種溫情的表現。

接下來要了解的是，你為何要忍受這種表面看來有點非理性，或許還顯得愚蠢，又平白讓你不舒服的考驗？答案排除了一切可能的非難：是基於「文明化」之故！如不論文化和時代的差異性，「文明化」指的究竟是什麼？不盲目接受誘惑，不機械性地順應自己的厭惡感。「文明化」似乎把事情弄得更複雜，阻礙了我們衝動的感情。因此有人會回覆你說，花一段長時間嘗試的目的，是要以富含教育意義及公正性的方式，讓你參與人性的大冒險。

只有思想不純正的人，才會將之視為支持不文明的論調。

60. 禁食一段時間

時間：12至36小時
素材：無
作用：沙漠的

無論哪個時代，在地球上各個角落的宗教修練，都有齋戒禁食的傳統，這並非偶然。因為除了吸毒之外，沒有其他方法比禁食更容易改變人與外在世界的關係。依據禁食的時刻、程度及狀況的不同，它可能使人害怕或平靜，覺得入迷或興趣缺缺。有人會因此感到麻煩，也有人可藉此獲得平靜。這其實沒什麼好訝異的：我們是透過食物，與

現實世界維持最古老、最恆常不變，與生俱來的關係。刻意不進食，會直接觸及我們最古老的根基。

事實上，每個人依照自己的過去、身體內部的結構，會有不同的反應。某人可能憂心忡忡，自認一下子陷入了乾旱、礦物化的景致中，就好像堆滿石頭的漠地，令你覺得了無生趣，心情起伏不定。相反地，也有人或許會覺得心安，慶幸終於能減輕飲食上的負擔，免除了必須在固定時間吃許多固體食物的可怕負擔。

如果你未曾有過禁食的體驗，就先從一天開始試起。除非碰到罕見的醫學禁忌，否則這麼做不會有任何危險。禁食期間，間隔規律地飲用糖水，不需補充其他特別的東西。約莫幾個小時之後，細心觀察自己心情的變化，大體而言，就是看你對「現狀」的看法是否因此有所改變。

少了一點葡萄糖，體內油脂量有了變化，缺了些蛋白質，就會讓你對外界的看法改觀。你是否覺得可以從這項體驗中做出一些結論？試試看吧。

61. 低聲抱怨10分鐘

時間：10分鐘
素材：無
作用：嚴厲

抱怨總有理由。可能源自受到傷害後心情的低落或不滿。也許遭人冒犯，因什麼事而不悅，於是你不管有理無理（在你看來理所當然），便開始抱怨。你因為不快或不公平而提出抗議，並且以抱怨聲咬牙切齒地表達出來。

這項體驗也是抱怨。不同的是，要冷冷地、沒有原因、無故地抱怨。你必須做出一

些生氣的舉動，但不要感覺到情緒波動。獨自一人待在一間房間內，開始無緣無故低聲埋怨。

剛開始時，你必須想法子超越難堪的感覺。從喉嚨發出近似呻吟的聲音。收縮橫隔膜。謾罵、發牢騷、以激烈的口吻說一些現成的句子：「真不敢相信！」「不行，這可是沒完沒了！」「怎麼敢做這種事！」、「難—以—想—像！」、「哼！下流胚！垃圾！惡棍！狗傢伙！笨蛋！壞蛋！」

避免去細思任何問題。盡可能不讓內心產生任何負面的情緒波動。只需發出字音即可。保持冷靜，繼續下去。想像有人在錄影，你得裝得跟真的一樣。繼續抱怨下去。跺腳、出拳或兩樣一起來，從哪裡下手隨你便。大聲嚷嚷：真是骯髒、可恨、下流無恥、令人難以接受。他們會得到報應的。你知道如何將他們壓得爛糊、破碎，還讓他們由衷感謝你，或懊悔不已。利用氣流與聲音，繼續再從喉嚨底部發出一些尖銳的雜音。

停止一切動作。吸口氣。喝杯水，打開窗戶。記住，發一頓脾氣可能就是這麼回事而已。

62. 駕車穿越森林

時間：10至20分鐘
素材：汽車、森林、馬路
作用：侏儸紀的

樹木一棵接一棵不斷閃現，幾乎立即給人一種不真實、彷彿電影般的印象。如果你有機會坐在車上當乘客，別遲疑，把頭轉向馬路邊，定睛觀看一棵樹如何機械式地、飛快地從眼前略過的景象。這只是初步的催眠狀態。下一步要做的是凝視林下灌木叢，雖然各個森林有所不同，但那通常是有點陰暗的地方。這會兒眼光要固定在較遠處：樹枝

下的空隙、綠色或幾近黑色的光線中。在這種地方要如何存活？一直待在這會如何？中世紀時期，此地或他處尚未大規模開墾前，曾經是什麼樣的光景？

汽車一如特別的保護罩，讓你在鋼板和玻璃的保護下，飛快地穿越林地。然而，森林內暗藏的恐懼感卻在此時上了身，滲入你體內。儘管加速往前衝，你卻突然意識到自己將永遠無法逃出這處森林地。

63. 毫不猶豫地付出

時間：頃刻間
素材：手邊的東西
作用：無償

連貫的動作、既定的路程、一成不變的工作，令你十分厭煩。你在缺乏興趣的情況下，機械式地過生活。幾乎對自己、對別人或其他事物，都表現得漠不關心。此時，一個活生生的悲慘景象乍現眼前。席地而坐的流浪漢，一身髒污的孩子，殘障者，或是因冷風吹拂、夜宿在外或喝了酒而滿臉通紅的病人。地點在街角、人行道上、捷運出口或

十字路口，到處都有可能。而且事出突然。

馬上給他東西。不需要了解、考慮或盤算，也不用深思。不談學理，更無須辯解。將你手邊有的東西送給對方，一張票、一個三明治、一本書、一枝筆或一抹微笑，都好。別管東西價值的高低，或這個動作是否合理。

嘗試看看立即付出的經驗。但並不是完全不考慮給什麼東西、要給誰。那必須是屬於你的，而且可以說是你珍惜、適用，卻非真正需要之物。至於要給的對象，是正在期待的那個人。只因對方伸出了手。

你大可冷靜地推想，這個動作是無意識的，是不合情理又偶然發生的，從某方面來說是不公正的。你只要一深思，就會有千百種或好或壞的理由，認定施捨是沒有用的，乞食是傷風敗俗的行為，或者布施者的居心通常很可疑。這便是為什麼在給予的當下，要盡全力排除所有浮現的思慮。施捨涉及憐憫，如果對突然想伸出援手或心生與對方休戚與共的衝動，進行剖析，通常會產生抑制及斷念的後果。

在這樣的情況下，你必得竭盡所能抑制思慮行為。對方表達感激的片刻將深深存留

在你記憶之中。長久以來，你忘記了正常消化的每一餐，也把合理地花掉的錢，從記憶中抹去。相反地，卻記得自己所給予的一切，以及伴隨給予而來的動作、臉龐以及話語。這不僅是遺忘的相反，也是相對於內疚悔恨的另一面。

64. 尋找一種藍色的食物

時間：不定
素材：未定
作用：模糊的

從他處看地球，人稱地球為「藍色行星」。的確，地球上有大量驚人的藍色。萬里無雲的白晝，天空是藍的，海洋也是藍的。我們不斷浸淫在藍色世界裡，凝視、呼吸的都跟藍脫不了關係。但是要吃它，卻萬萬不可。藍色是不能吃的，它可以擺脫我們的貪饞。

這項奧祕雖然簡單，卻極其深刻。事實上，世間有各種顏色的食物。幾乎所有的食物都能刺激我們的食欲。但是只有藍色不能吃；淺藍、鮮藍或是天青色，會讓大多數人覺得反胃。當你看到一杯玉藍色的冰淇淋時，不僅會覺得它極其人工化，還會有一種難以言喻的不舒服感。

當然，例外是有的，但非常罕見，也很難令人信服。法國科斯或布雷斯的藍起司通常很接近綠色或黑色。安地列斯的藍色柑香酒，如同走樣的雞尾酒，混雜了熱帶赤道和礁湖的味道。洛林薊做的甜燒酒已經有點過時。法國古老的特產——佛日山區的藍色奶油層，幾乎已完全從人們的記憶中消失。何況它過去也只是讓人用眼睛品嚐的。

總之，你大可去四處蒐證。一般人是不吃藍色的東西。無論如何，這是我們常有的反應，胃口好的時候亦然。至於綠色、紅色、黃色、橘色，甚至黑色或白色，都可以廣泛地在我們吃的食物中看到。那麼結論是什麼？我們實在嚥不下天空、地球，甚至大洋？或者該說，藍色跟王位與死亡也有部分關聯？啊！世間有多少謎團，有多少難解之謎啊！

65. 成聖或成為劊子手

時間：15至20分鐘
素材：無
作用：相對化

你是好人？還是壞人？這個答案可以衍生出一連串的推論。不管怎樣，一般人是這麼認為。因為我們賦予這個問題一種意義。表面看來它是如此重要，但是一個短暫的體驗，便能輕易讓你了解這個問題是沒有根據的。

仔細回想昨天的一切。有哪些重要的片刻，它們之間又是如何串連的。可能的話

再想想詳細的時間安排，以及自己一個小時接一個小時在想些什麼。你可以藉這樣的重組，審視自己的態度，然後試著加以評論。並非客觀評斷，如同你能客觀又超然地歸納出對自己的看法一樣。相反地，你必須狡詐地進行，以不公正、偏頗、極端的方式去做。

首先，從微不足道的動作中看出自己無比寬宏大量。從好的一面解讀你所有內心的想法。看看一整天當中，你如何表現出忠心、親切、關心他人、富於同情心、大公無私、謙遜、有效率、人性化、團結、仁慈、可敬的一面。

乍看之下，這似乎不完全貼切？此一體驗的目的是要讓你從這個角度看自己的行為與動作。你能做到什麼樣的程度，並不重要。重要的是必須能從昨天一天——猜想多半是平淡的——的行徑中，分辨出哪些是能彰顯你聖潔一面的。一旦覺得目標差不多已經達成，重新再回憶一次。

這回完全從反方向來進行。試著從昨天一整天的動作與思想中，找出能突顯你的邪惡面、破壞力、以及墮落、劣根性的明顯表徵。此時，同樣無須太在意自己的行為與感

情之進展。盡量從所有做的事與說的話當中，找出印證你性格中卑鄙、懦弱、醜惡、狠毒、兇殘、自私、愛掌控的一面。視自己為劊子手。理由雖然不比自認為聖人充足，也要盡可能做到愈像愈好。

把這項體驗運用在周圍其他人身上。

如果你做得夠多了，再試著去相信道德的評斷與自我反省。

66. 找回失落的記憶

時間：至少30分鐘
素材：一則記憶
作用：難以預知

你知道的東西如此之多！他們對你來說如此常用又簡單，以至於你沒有意識到其存在。譬如，無論教育程度高低，都能認得無數個母語字彙，熟悉文法規則、算術與幾何學，也記得數不清的故事，其中有真實的也有創作，可能是親身或親人經歷過的、歷代史學家或見證者傳遞下來的，也可能是從神話故事、小說、電影借用而來的。

這項體驗主要能讓你意識到：記憶中儲存的回憶超乎自己想像。顯然，你曾有過類似的經驗。但不管怎麼樣，還是按照以下的體驗程序去做：在一把有扶手的椅子上待半個小時，閉起眼睛，有意識地、單刀直入搜尋一則被遺忘的記憶。

一般人可能會認為這種搜尋方式根本注定失敗。因為它太直接、太粗糙。其實不然，這方法很少會失誤。我們幾乎都能攤開一張原以為已經消失的記憶圖像——那可能是一個事件、一個日期、一個動作、一幕景或一張臉。

你不要全然盲目地開始。先從幾個大領域的線索找起，例如工作、假期、歷史事故或家庭事件。以一張臉孔、一個年份、一個地方或一種感動為虛擬嚮導。順著走，跟著轉，去挖掘。但不要過於勉強，或過分堅持。讓記憶自然浮現。正當你不再有所期待的時候，一個影像、聲音、氣味或場景的片段突然跳了出來。這一切可能倏然發生，而且全部一道湧現。另一種情況是，你必須一一將弄平的褶痕打開、攤平、去除。

有時候，不妨放棄到戶外散步的念頭，待在屋子裡，進入自己內在的世界反覆挖掘、遊逛，你將意外發現一些表面上已看不到的記憶，就像在野外喜見蘑菇或松露一般。

67. 凝視另一人熟睡

時間：幾分鐘
素材：熟睡中的另一個人
作用：令人感動

你對她每一吋肌膚、細微的聲音、目光的流轉，幾乎所有的反應都瞭若指掌。你喜歡對方的笑容、頭部的姿態，以及或許到目前為止（譬如說）只有你知道的一個小小缺點。簡言之，你們彼此相識。

然而，如果凝視的是熟睡中的她，仍可能會有不完全認識對方的感覺。這張臉已經

失了神，彷彿裡面暫時空了出來。眼睛閉著，身子攤在那兒，姿勢突兀，一副執拗無知的模樣。而她恣意的呼吸延續著，如同另一種形式的懶散。為何你有摻雜無比信任、些許憂心以及隱約的局促不安，一種極為奇怪的感覺，彷彿自己凝視的是原本不該看的一幕？

這或許源自於在場與不在場兩種感覺並存的矛盾。你可能已經搞不清楚眼前的「睡美人」跟自己所愛的對象是不是同一人。你將來也找不出答案。這或許是有趣的地方，也可能不是。因為此時只有將她放在你的愛中，直到自己能等待的極致，才能讓這份沉寂，在對方全然無知的情況下，變得格外生動活潑。

68. 找一個假日工作

時間：8個小時
素材：一個假日及一份工作
作用：傾向社會主義

事實就是如此。你習慣了，加上所有的人都這麼做。它可能既非嗜好，更談不上樂趣。但習慣已養成，你也適應了。無論工作性質偏向課業、職場或家庭，你都習慣去做了。偶爾還可能在大家都休假的日子裡，投身其中。在其他人還在睡覺、做夢、散步，或在家修修弄弄、出去看電影的時候，仍得工作。

這項體驗的重點是，觀察自己假日工作會出現什麼狀況，又會有何感受。情緒些許的起伏、覺得受到侮辱、隱約有受迫害的感覺，或對現狀有點不悅。你進入一個完全不同於尋常的浮動不穩定期。做的工作一樣，完成的工作也相同。可是氣氛卻不同了。缺少了其他人一起工作時的背景噪音、撞擊聲以及騷動的聲音。當然，一些客觀的徵兆也是存在的，電話鈴不響、辦公室空空洞洞，或是街上行人很少。但這並非最有趣或最令人捉摸不透的一點。

事實上，可能沒有半點具體的線索，讓你知道這是不必工作的一天。在家上班的人，尤其如此。沒有任何徵兆顯示這是個假日，而你卻能明確地感受到，而且幾乎是具體可見、有形的。

這樣的改變，或許只是源自你個人的想像？或者我們原本就有一種集體的意識、社會感、對周遭所有人喧譁聲的靈敏感覺？顯然，生命是充滿奧祕的。

69. 視人類源起為一種謬誤

時間：約1小時
素材：無
作用：使人振作

人們不斷告訴我們說，每一個人都是特別的！他們說我們是世界的中心、上帝的孩子，什麼都懂，是社會中堅，是有智慧、擅長說話、有科學頭腦的，也是進步的媒介。我們的存在受到無數神話、宗教、哲學與美好說詞的頌揚，以至於我們不再能理解自己也會有失敗、可恥的行為、無止盡的爭戰及不可勝數的卑劣行徑。當然，有千百種藉口

可以解釋我們的失敗、不幸以及口是心非。

你不妨體驗一種更澈底，但可能更有益的幻滅。首先，盡可能擺脫對人性的所有定見。視人類源起為一種偶然、一種失敗或生物學的意外。人類是從一個失落的小石塊、一個極小的角落中，胡亂發展出來的，而且有一天將永遠消失，不留任何記憶，也不會有人為此憂心。在人類存在的數萬年間，這奇特的物種將無止盡地停滯不前，然後輕率地繁殖，破壞自己生活的地方。在滅亡之前，人類也將累積大量難以想像、無益的痛苦，屠殺與飢荒，奴役與壓迫。

冷靜觀察此一荒謬而粗暴的物種。正視其缺乏實質理由的存在，以及生命的短暫與荒誕。試著忍受人類根本沒有存在的理由、也沒有未來的想法。這將能幫助你更客觀看待事情。因為在無意義與可怕的基礎上，所有高尚的行徑都會像獨一無二的恩賜般，格外顯耀。完美的音樂、令人難忘的畫作、大教堂的榮光、詩中的淚、情人的笑等。謬誤的衍生物如此之多，還伴隨驚奇無數。

70. 置身「小舉動」的世界

時間：不定
素材：一件往事
作用：遷徙

認定世界只有一個，是可悲又粗淺的想法。一隻蒼蠅的世界與鯨或人類的世界，截然不同。以任何方式將多樣化的世界重新分割，都是十分可議的作法。你口中所謂你的世界，本身就是由為數眾多的世界所組成，而且它們彼此間不一定有關聯。

要感受這點，先試著讓自己置身於「小舉動」的世界。先將所有與音樂、聲音、顏

色、形狀、味道相關的記憶排除。再試著從記憶中找尋動作、位移、觸感、走路等小動作的痕跡。一定會有些曾令你印象深刻的動作，隱藏於其他記憶之中，存留至今。

這是在所有動作中，真正屬於我的幾個：一名極度沮喪的婦人有一天按在我前額上的手；秋日某天，一名女人在公園內挽著我的方式，令人難忘；父親輕拍我的頸背，或母親道別時的一種特別手勢。

你知道那些是屬於自己的「小舉動」。將它們找出來。你會發現它們彼此呼應，編織出另一番天地。「小舉動」的世界是獨立存在的。仔細探索這個世界。這與在其他種類的記憶中漫遊，並不相同，有時候值得為此花點時間。從一個動作聯想到另一個動作，然後悠游其間，就像一段旅程，一個連貫動作，一連串可追蹤的線索。無論如何，你都不可能迷失其中。

71. 切斷電話

時間：不定
素材：一組電話
作用：曖昧

你喜歡朋友打電話來，希望親友伙伴隨時找得到你，期盼擁有客戶支持或同事的問候。幾乎所有人皆是如此。但你有時也會因為電話可能在任何時刻、在你從事任何活動，或話說到一半、正在默禱冥想時，突然鈴聲大作，致使一切為之中斷，而覺得受到干擾，甚至厭煩不已。

既然如此，就試著切斷電話。關掉手機、拉掉牆上的插頭，以確定不會有任何電話聲響。接下來給自己一點時間。最好不要匆促投入一項工作或睡午覺，與其忙著開始幹活或品嚐鮮肉，不如花些時間感受一下這個自我保護手法會為自己帶來什麼感覺。

有時會覺得十分滿足：終於沒人找得到你，真正獲得清靜、可以不受干擾地持續工作。但有時不免擔心：是否會有緊急事故發生？一則非常重大的新聞發布？一個意外事件？某些時候也會有罪惡感：有人想打電話進來，卻連留個音訊都不能，只因我貪圖自己的舒適，卻不顧他們的需求。這樣做合情合理嗎？

此外，這也是某種形式的反抗，一種對持久連線時間最起碼的抗拒。接通電話線已變得如此平常而不可或缺，以至於切斷通話線似乎成了初步的限制，失控的第一步，嘗試自由最起碼的風險。同時你也會立即感受到這等於是退化到原始狀態，一種不適應社會的行徑，一種累人的孤獨感。而你自問該怎麼辦。或許可以打個電話給專業心理諮詢師。

72. 向所有人微笑

時間：極短暫
素材：無
作用：心照不宣

在街上、商店裡、職場上、市場、村莊或城市，在旅行中或在國內，與你錯肩而過的經常都是陌生人。尤其住在大都會或旅遊聖地的人，碰到的多半是過去未曾謀面、將來也不會再見到的人。你可能沒有一點要跟他們打招呼的欲望。你甚至有絕對的權利，展現不友善、緘默、不在乎或冷漠的一面。

試試看微笑以對。矜持而節制，明確但保守，做到表現善意即可。與陌生人四目相對，或是在擦身而過的幾秒鐘時間裡，試著這麼做。有時這並不容易。如果太過誇大，你的微笑會顯得愚蠢或曖昧；過於輕描淡寫，又可能令人難以察覺。因此必須根據狀況、對象，以及兩人交錯而過的速度，找出一個適當的微笑，告訴對方：「我們沒有任何理由埋怨對方或愛對方，就盡可能彼此接受吧。祝你有個愉快的一天。」或者：「我只是出於善意。僅此而已。」或是其他你認為合適的內容。

我們沒有理由賦予這項體驗一種特別目的。但是在做的當下你便能意識到，只要它的推廣不會助長偽善，就能使社會風俗更良善。或兩者都有可能。除非善良風俗不一定是件好事，而人們也不願見到更多偽善，就無須這麼做。這些問題令人發笑。

73. 進入一幅畫作的空間

時間：無法確定
素材：一幅畫
作用：不限於同一個空間

整體而言，全世界的空間組織並沒有令人意想不到之處。世界地圖在手，要確定一件物品的位置，測出它的距離，都不是件難事。當然，一些極端的例子、遙遠的物件和銀河間的反常現象不算在內。在日常生活中，你周遭空間的成型是有規律性的。不會有圈套或任何陷阱在其間。

除非掉進某些畫裡才有可能。但是卻沒有人能說得準哪些畫才會在你身上造成這些效果。這是無法預料的。因此你得選一間不清楚出口在哪的博物館進行實驗。開始時，目光先在表面光滑的畫作上游走。畫的內容可以是有趣的、感人的、構圖靈巧、掌握得當或高尚的，圖畫與你所在的空間始終是一樣的。運氣好的話，可能突然間出現不同的東西。

在早已習慣的空間中，出現了一種斷層，你覺得被吸引、召喚，而心生嚮往。這個斷層屬於一個「不可能」的、另一個次元的空間，猶如世界結構中的凹陷部分。其實，這種可能讓你身陷其中的空間類型還不少。有的近似地下室，有的像樓梯、像倒置的地下建築或螺旋狀景象。有些就像畫上了無止盡的線條，或由黑點所組成。還有的彷彿瓜秧培育罩、筍瓜或柴郡貓[4]。

4 《愛麗絲夢遊仙境》中笑得露牙的貓。

千萬不要猶豫。也不要刻意抗拒最初的誘惑。讓自己被逮住、順著滑行、被帶動。沒什麼好害怕的，更不必擔心永遠無法從那些空間回來。繼續待在那兒，也持續待在自己所屬的空間裡。如此一來，便可同時長久置身在好幾個空間內。這便是藝術能強化人類生命的原因。

74. 大白天從電影院出來

時間：約90分鐘
素材：一間電影院、日光
作用：調整的

你有很長的時間專注於女主角的遭遇、打鬥和劇情的重大轉折。彷彿活在另一個世界的暗處。電影院掏空了你當下的思緒，使你腦子裡充滿劇情內容的影像。它洗去你的時間感與時間的連續性。散場時你行經通往外面的走廊或樓梯。在燈光下，首先碰到的是臨近真實世界的邊緣。然而，那還只是轉變階段，一個過渡狀態。突然間，你打開

了門。

外面的世界陽光普照，卻已被你忘得一乾二淨。你自問，這怎麼可能？問題癥結並非你的遺忘，而是外頭怎可能是豔陽高照的大白天。這並沒有寫在劇本裡。現在應該已經入夜了，應該像往常一樣：街道上行人變少，計程車悄悄來去，櫥窗也都關上了。可是事實並非如此。陽光依舊燦爛，甚至還有點刺眼。人行道上多的是行色匆匆的過客，這些人在你看電影的時候都做了些什麼？工作？跑步？他們是如何維生的？

是的，這些人仍然得跟往常一樣，自己想法子擺脫困境。他們近乎笨拙的堅持，有點令人迷惑，甚至隱約帶點挑釁的意味。如果你也在人群當中，無論正在工作，或跟他們一起搭巴士，根本不會意識到這一切。你深知這些人必須自行設法，才能繼續生存下去。但是在電影院裡，在你的情緒與片中主角的心情及爭戰劇情共起伏時，你卻不知道他們是怎麼達到目標的。

這些人繼續往來奔走。他們的時間前後相連，動作彼此銜接。而你的時間與動作卻非如此。對你而言，時間反而被拉長了，形成一個大夾袋，袋內多了電影故事、片中景

致、你的感動，或者還有一些完整的人生。很快地，這個問題會逐漸淡化，最後將消失得無影無蹤。但這只是疏忽或一時的情緒激動造成的。問題並沒有真正解決。

75. 潛入冷水裡

時間：1小時和20秒
素材：海灘、陽光、海洋
作用：臨界的

如果你的健康允許，就先在豔陽下待一段頗長的時間。頂著燠熱的天候，至少待一個小時。你必須覺得皮膚要烤熟了，甚至體內開始變溫。最好選擇水特別清涼的時間與地點。沙的熱氣與水的涼意之間，對比愈強烈，這項實驗的成功率越高。

你突然間往水裡衝。不要停下來，身體打直，縱身跳入冷水裡，閉氣游泳，能游多

久就游多久。剛跳下去的前幾秒，值得深究。你很難立即感受到乍現的涼意。最初十秒鐘，會有很多針在扎似的刺痛感，又覺得有成束的火花在身體周圍飛射。彷彿熱與冷從身體滲出，溫度急遽下降，一如沸騰的停頓。接下來的一、兩秒鐘，冷的感覺才浮現，寒顫震得你昏頭昏腦，你仍得繼續游下去。待在水底最深處，最後浮上水面時先吸一大口氣，重新沐浴在太陽白色的光芒下。

行事謹慎而不願這麼做的人，也可以透過其他方式得到類似的感覺：譬如突然間浸入裝滿溫冷水的浴缸內。至於身體極虛弱或謹慎之至的人，也可以只用單腳浸泡在一盆冰水裡。每一次的嘗試最有趣的是：冷熱對比所引起的驚愕感，會讓你覺得不知如何自處。一些起了變化、與現實有差距，彼此相距太遠又大不相同的感覺，彷彿難以一下子都納入所謂「自我的連續性」當中。這些差異性，似乎也成了它們接續在一起的障礙。由於交替出現的時間太緊湊，也使你不知該如何是好。

76. 尋找永恆的景致

時間：長期的
素材：地球
作用：使之恆久

精確地說，這並不代表懷舊。或許是某種形式的偏好、一種略帶傷感的好奇心促使你自問：要上哪兒才能找到近似數萬年前的景致？長久以來是否有些地方一點都沒有改變？看不出任何人類更動的痕跡？

哪一座森林始終維持不變？哪個地區、鄉村或山坡，依然呈現一成不變的昔日風

貌？或者哪一座山是如此？你開始找尋。先從四處周圍找起，摸索看看有沒有近似的景致。但是疑團始終存在。農耕一點都沒有帶來變革？亦或腐蝕作用將所有的景觀都改變了？你認為某個地方的全貌，大體上與石器時代人們看到的景致相同，但卻永遠無法全然確定。這是令你沮喪之處。其實，解決之道很簡單。出海去，直到看不見岸邊為止。瞧，那就是完全沒有改變的地方。世紀交替，一望無際的海面依然如昔。你現在所看到的景象，古代的翼手龍也看見過。而從古至今，直到永遠，海洋面積始終會占整座地球的三分之二左右。換句話說，地球上大部分的景觀是沒有改變的。除了荒蕪破壞、歷經動盪或人類文明開發過的土地，基本上，地球絕大多數的地方仍保存了原貌——看不見邊際，一片濕藍的海水。

你可以從這個見證做出自己的結論：那或許是一個令人驚訝的課題、一個有爭議性的內容，也可能是令人心安的事實，或痛苦的幻滅。大海的泡沫永遠會存在。

77. 聽自己的錄音

時間：幾分鐘
素材：一段可以聽自己聲音的錄音
作用：位移

聽到自己的錄音時，我們總會很驚訝。「這是我的聲音嗎？」你覺得自己說話的聲音太高或太低，太慢或太快，發音不夠準確，音調不對，變得怪怪的。一開始你就認不出自己的音色和說話方式。錄音機能將其他人的聲音原原本本錄下來，你的怎麼就行不通。

你很清楚那的確是自己說出來的字句。也能毫不猶豫認出自己的話語，但彷彿得用迂迴的方式，從側面、以另一個奇怪的角度去辨認。是你，又不是你。這會兒你掉進了一個突然張開的斷層、空隙內。你平常都是「從身體內部」熟悉自己的。現在卻得「從外面」辨識自我。專業人員已習慣如此。廣播人和專職錄音人員不僅熟悉「從裡面」聽自己的聲音，也熟悉「從外面」聽到的聲音。他們必須運用聲音，靠聲音吃飯，早已習慣聽自己說話，不會像一般人，在頭幾次聽到自己的錄音（如同別人聽到的一樣）時，感到十分驚訝與不自在。

過去，在世上，從沒有人能聽得到別人耳中自己的聲音。更別談見到別人眼中的自己。機器的發明，讓位移成為可能。而這裡的位移指的並非從自己的身體跳脫出來。而是透過機器的幫助，我們可以跳脫自我，客觀地看到自己的愚昧無知。科技的運用有助於哲思，可以引導我們去思考什麼樣的表象才是真實的：是我們從內部展現出來的一種自我形象，還是錄影帶中我們看似客觀的形象？同樣的問題，可以擴及到面貌、思想或是我們所有的行為舉止。只是問題始終無解，這點也始終令人驚訝。

78. 稱讚一位陌生女人很美

時間：1分鐘以內
素材：無
作用：煙火般的

你從沒見過她。只是今天在餐廳裡、火車裡、咖啡店或穿過街道時，偶然遇到的。她豔光照人、活潑、近乎完美。只要有她在場，你就心安不已。幾分鐘或幾秒鐘後，這個女人即將消失，以後再也見不到面。這一點都不重要。只是你對她的短暫現身，充滿感激，想要當面道謝，並稱讚她的美貌，說她的美可以為人心帶來喜悅。

不能這麼做，你可能因此引起各種不必要的誤解。她如果形單影隻，或許會錯認你存心勾引，卻對你的感激一點興趣也沒有。如果有人陪伴在旁，對方還可能視你為淫穢的挑釁者，想賞你一耳光。

無論如何，放大膽試著做看看。這攸關個人行事風格及態度誠懇與否。你從中獲益的機會比損失來得大。那麼到底好處在哪呢？可以享受說話的樂趣。當我們藉由凝視風景、天空、一塊岩石、一朵花或一隻鳥得到快樂時，難以言謝。因為它們一點也無法感知你心裡那份感謝的意念。而事關人類時，情況就大不相同了。

接下來，你自己看著辦。多數人可能以聳聳肩回應，更足以顯露社會關係惡化的可悲事實。

79. 相信一種氣味的存在

時間：零與無限之間

素材：無

作用：似狗的

你猜想自己聞到了某種氣味。一種滿好聞的香味，就像擴散開來的香水味，但卻無法一下子就辨識出來。一股花香味、春天的味道，也許是記憶中的香水味，或少女髮絲的氣味。不需費力去辨認。留下記憶的痕跡。就算它很清淡、細微或逐漸消失中，也要進入這個氣味裡。擴大、增強、延展，維持這個味道，讓它裡面的世界鋪陳開來。

這道氣味是真實的嗎？抑或是你的幻想而已？這一點都不重要。無論如何，你都要相信有一種氣味飄過，接受它、強化它，但別問那是真的還是假的，是好還是壞的味道。無論是一個國家、一間房子、一個人、一個情境的氣味，或者害怕、愛情、死亡、童年、學校、工作、廚房、市場等各式各樣的氣味，都要樂於接受。你將因此了解到，極不受重視，又經常被認定是幾乎沒有存在價值，不值得關注的氣味世界，是介於想像與真實之間的世界。這兩者經常彼此交替，甚至交織在一起，一般人很難辨認出來。因此氣味的王國是介於半夢半醒、可感知及虛幻的中介點。

一些不尋常的問題由此而生，成了許多專家爭執不下、難以達到共識的焦點。譬如：水的氣味會因溫度高低而改變嗎？氣味的味道是否聞得出來？檀香木香精（舉例而言）會有一種跟檀香木的存在類似的氣味嗎（依此類推）？是否有世界的氣味存在？再者，喪失嗅覺的人都是無神論者嗎？他們需要擁有跟盲人或聾啞者同樣的社會地位嗎？繼續問下去。

80. 甦醒時不知身在何處

時間：5秒鐘
素材：自家以外的一間房間
作用：四海為家

你必須覺得很累。或經常東奔西跑，生活忙亂。好夢當甜的時候，突然被某種噪音、一道光線或是鬧鈴聲弄醒。你知道自己不在家，但就在剛睡醒的短暫片刻，你突然有不知身在何處的感覺。五秒鐘就夠長了。之後才回過神來，認出也記起了自己在哪座城市、哪一幢屋子，以及為什麼。這項體驗主要便是在探究「睡夢初醒」與「記憶恢復

之間」的猶豫片刻。

那段時間雖然短暫，卻非常有意思。事實上，你會覺得失去了附著點，處於失重狀態。這並不一定是不安或掛慮的感覺，只置身一片空白，處於純淨的光線之下。一如書中的情節，你可以說：「我在哪裡呀？」其實，你對宇宙萬物及個人世界的存在，毫不懷疑，對生命的連續性也沒有任何疑問。只是在短暫片刻，猛然忘了置身地怎麼稱呼，這到底是哪裡，自己又為什麼會在這。但你一刻也不會懷疑那是某個地方，且深信馬上就可以想起相關細節。

這短暫的插曲因此多了一些不具危險性、半帶趣味的神祕感。問號是存在的，但很快就會有解答。無論如何，你的無知並非裝出來的：你確實不知道自己醒來時身在何處。但同時，又因為對世界有所認知，而感到無比安心：毋庸置疑，你是在某個地方，而且馬上就會知道這是哪裡。啊！是的，就這樣。可別讓這個介於遲疑與安心、確信與無知、憂慮與滿足之間，十足懸疑而難得的片刻輕易溜走。

81. 走下無止盡的樓梯

時間：幾分鐘
素材：一個8到20階的樓梯
作用：內省

最初兩階或三階，你只是試著讓步伐規律化。注意，要盡快底定腳步的規律性、腿的移動及呼吸的方式。繼續下去，無須刻意去思考。一切要很快變得機械化，直到覺得有些頭暈時就對了。持續做，不要間斷。

想像自己將永遠無止盡地這麼走下去。隨著螺旋形樓梯往下走的動作，將無限期一

直持續。那就像個無底洞：沒有地獄或物質實體，也沒有瓦解或死亡。只是規律性無休止地往下走。就這麼沒完沒了地走下去。看不到盡頭，其間也不會有停頓。你可以慢慢增加一些有趣的變化。譬如，想像沿途將穿越色彩繽紛的區域、走過極冷和酷熱的階梯、陰暗及明亮的地方、擠滿人的長廊、人煙稀少的漠地，以及保養得還不錯的階梯，有時還看得到各地方的人們、聽得到民俗音樂，見識到不同的飲食習慣以及壁畫。但無論如何，你就是無法改變下樓梯的動作是無限期的事實。

此時，樓梯精靈對你低語的兩則悼詞，會在腦海浮現：一則是為一樓的發明者而作，另一則是電梯商人的悼詞。

82. 消滅激動的情緒

時間：不定
素材：無
作用：恢復平靜

我們已經忘記長久以來，人類最完美的境界是能擺脫情緒的束縛。能拋開雜事的陰影，從局促不安的心結中解脫，將蠢蠢欲動的激情之火滅掉。過去這些是神聖的工作。擺脫情緒的過程中，浪漫主義可是幫了倒忙。它將激情轉化為冒險，使之成為命運的指標。在浪漫主義影響下，激情變得十分輝煌，時而偉大，或值得羨慕。而承自古代的古典主義想盡辦法要去除它們的擺布。激情依舊是必須排除的紛亂情緒。

看看古代完美智者的形象。如果說智者是快樂而可敬的，主要是因為他們懂得如何擺脫情緒支配，活在其影響之外。他們忽略情緒的存在，彷彿戴了防護罩，一點也不會受到干擾。智者是不會激動的。

或許你永遠也當不上智者。但至少要有過消滅情緒的經驗。當它出現的時候，不要陷入其中。何不視之為浮腫、蜂窩組織炎等暫時的腫脹狀況，盡可能讓它縮小。試著從外面觀察這種情緒，看出它可笑又惹人厭的一面。別落入情緒當中。如果你已經掉了進去，試著找出口。壓緊、壓扁它，但不要停滯在這項工作上。讓它過去。

顯然，這有時候很難做到。如果煩憂找上了門，煩惱淹沒了你，或是一件樂事令你激動不已，趕緊將它消滅，盡可能剷除得一乾二淨。但這還不夠。最重要的是認清自己的理想目標為何，是無憂愁、瘋狂，既沒有恐慌、熱情，也沒有風暴的生活嗎？還是正好相反，你期待對比強烈，有爆炸性轉折、驚駭、狂喜、眼淚與歡笑交織的日子。預先嚐嚐這兩種不同生活的滋味。或者，如果可能的話，想一些其他的點子。人們將非常感激你。

83. 使瞬間成為定格

時間：停駐
素材：一組錄音設備
作用：沉思

沒有多久之前，短暫片刻發生的、微不足道的小事，最後總是落得永遠消失的下場。一個手勢、一個斜眼或初露的笑容、音調的變化，某種光線，這一切跟其他每秒鐘發生的千百種細節一樣，似乎都沉沒在大洋裡，消失得無影無蹤。

人類發明了記錄細節的機器，可以捕捉瞬間發生的一切，固定住最小的粒子，保存

聲音與影像。這些機器是不久前才出現的。我們很快習慣使用它們，以至於今日竟忽略了它們的存在與威力。或者即使還沒發生，但也快了。

這項體驗主要是讓你重新正視這些科技的影響。我們每天聽收音機、CD唱片，看電視或其他視聽設備、照相、錄下聲音或音樂、拍攝影像，卻沒有思考過它們的價值。現在必須思考的是：這些機器運用了什麼獨特的方式，讓原本瞬息即逝的片刻，擺脫了曇花一現的命運？

一九〇二年史考特．裘普藍（Scott Joplin）的輕觸，一九三四年路易絲．布魯克絲（Louise Brooks）睫毛一眨，一九四〇年一只長統靴掉落在巴黎香榭大道上，以及昨日印度火車抵達加爾各答時的混亂場面，加上無數在瞬間捕捉到的鮮活鏡頭，留在相片或影片裡的動作，或是音樂盒裡的音樂，都靠機器存活了下來。那麼，當你凝視一張照片或聽唱片的時候，試著思考一下這點。當你錄下個人生活的片段時，告訴自己，你從時間那裡取出生命的一小片光輝。想像這種矛盾的沙漏，如何讓時間的塵埃遁入某種近乎永恆的境界。原本註定要永遠消失的東西，幾乎不間斷地變為可以無限期一再重現。短

暫的、瞬息即逝的事物，持續流向永恆的殿堂。

你自問這一切最後會如何終結。

答案沒什麼重要。

84. 整理一間房間

時間：間歇的
素材：一些房間
作用：整理

你必須調整房間的布局、色調及風格。機織割絨地毯與彩色壁紙、瓷磚與畫作、電路、光束、門與窗、窗帘與靠墊、家具、植物等，都包括在內。有趣的是，你不知要從何著手。不妨學著傾聽房間怎麼說。每一個地方都有適合自己的樣子或布置。對此，我們不可能具備整體或理性的認知。就好比每個地方的在地神靈說的是自己的語言，你必

須自己想辦法學會。親身浸淫在這個地方的特性當中，弄清楚其容量、光線、面積、材料、粒子。然後開始摸索。

好的整理布置絕不可能只靠一分直覺或乍現的靈感。你必須學會估算，一步一步去做，歷經嘗試與錯誤，才可能得到理想結果。懂得保持緘默及遺忘、重新發現，根據字句與描述去行動。這既非理論，也不是抽象的公式。只要確定一種顏色之後，周圍的其他事物都會因之改觀。你安置好一件新家具，房子的容量隨之改變。有時候連顏色及光線都會受影響。所有的一切總是會相互呼應。這就是為什麼在確認下一步該怎麼做之前，你絕不能出錯。

因此，這項體驗需遵守的規則每次都不相同。你得順其自然，並順勢而為。工作的是你，沒錯，但唯有不強加自己的意願，才有成功的機率。另一方面，這種相對被動的結果，將視你是怎樣的一個人而定。顯然每個人從房間所得到的指點，領悟到它逐步提出的要求，都有所不同。因為所謂地方本身的引導，也是你自己掌的舵，不是別人。因此你整理布置的不僅是房間而已，還包括自身在內。

當你成為被布置的一方，這項體驗的教育意義就浮現了。你根本不是創作者、設計師、一個只會決定表象的外來意志。相反地，你成了房間的組成要素之一，而房間本身也變你的一部分。如果有人說：「你家真漂亮！」你也許只視之為愚蠢的客套話，或者認定你真的在過程中找到了適合房間的布置。

85. 嘲笑一個觀念

時間：難以預知
素材：一些點子
作用：鼓舞人心

思想觀念能引人發笑？一個會心的微笑，一個有趣的示意？不僅如此。深深吸氣，扯開喉嚨，真正地放聲大笑。有時候好像會有這種情形。不是偷偷地笑，談不上有禮貌或有品味的笑。純粹以人的角度來看，這樣的笑法是獸性的，沒有節制也不禮貌。

如果你想要擁有取笑一個觀念的經驗，就往哲學家身上去找。你將可找到無數奇特的、古怪的、極為雜亂無章、扭曲的、捏造的、畸形的、異常的、怪誕的、偏執的、荒

謬的、驚人的、令人錯愕的、不尋常的、滑稽可笑或令人震驚、可怕的觀念。你發覺這些哲人可能以思想錯誤、偏頗或迂迴的方式思考，從側面、平衡地、懸空、往後、閉著雙眼、兩手交叉在後想事情。這些馬戲班的把戲與魔術技法，在小人物、嚴肅或埋頭苦幹的人身上不大看得到。必須找偉大的、真實的、真正的哲人。天才顯然會讓人發笑。其實，他們提出的是一些比較異於尋常，乍聽之下很難立即做出反應的觀念，是顛覆明顯事實的玩意兒，也是一般人第一印象會覺得不可思議的想法。

或許剛開始時你有所遲疑，難以對所謂的真、善、美放聲大笑。因此不妨從稀奇古怪的論點著手。這得到隱密的角落挖掘。譬如柏拉圖談狗、亞里斯多德談陰莖勃起，史賓諾莎談搔癢，以及巴斯卡描述噴嚏、康德論及剛果的螞蟻等。這是一種適應的方式，但是這樣的遊戲手法，還是過於簡單。實際上，它是將好奇心擺在一邊，把好的、所謂合理的真正問題放另一邊，如此一來，原有的信念仍不會受影響。因此你反而必須設法做到恥笑柏拉圖口中的「善」、亞里斯多德談的「第一動因」[5]，史賓諾莎談原生的自

5 指自然界的運動是源於一個本身不動的第一因素起作用，從而證實了上帝的存在。

然，巴斯卡談亞伯拉罕之神，以及康德談倫理學的程度。這只是一部分的例子。

要達到上述的境界，不僅需要付出時間、閱讀一些作品，以及些許耐心，最重要的還是得改掉將重要與可笑的事物一分為二的不當習慣，別誤以為認真臉龐上可敬嚴肅的模樣，和突然心血來潮怪誕滑稽的模樣是不相容的。重要的事往往會令人覺得好笑。因此你必需試著摒除「嘲笑偉大思想便是藐視它們」的想法。

尊重這些思想觀點的最佳方式便是笑。對此提出解釋與評論吧。

86. 消失在露天咖啡座

時間：30至40分鐘
素材：咖啡店及露天座位
作用：變成半透明

最好有人潮。人很多，甚至太多。你終於找到一個位置，一個最裡面的小桌子。點好飲料，等服務生端上之後，要求馬上付帳。他是不是咖啡店的冒牌服務生並不重要。因為再過三秒鐘，你將消失於無形。

你並不覺得有任何特別的不便。感覺上周圍也沒什麼明顯改變，但是服務生找完錢

後，你就成了沒人看得見的透明人。人們交談著，卻彷彿沒有人看得見你、跟你說話。周圍投射過來的眼光，似乎無任何障礙，能筆直穿透你。沒有人坐在你的椅子上，但那純屬巧合。你已經不在場，像是溶解了，難以摸著，就這麼突然滅跡了。你個人很清楚自己依然存在，別人卻難以察覺。

要脫離這種危急狀態，得求助於隱形人最常用的應急辦法：把會形成污點的東西翻倒在身上。但是這方法未必管用。因為同樣的情形也可能在任何其他場合發生，譬如搭捷運或看表演的時候，屆時此法可能就失靈了。總之，不確定性一直是存在的。你無法全然確定——以外界的眼光來看，自己的存在是否還具有持續性。實際上，諸多跡象一致顯示：其他人看得到你，在跟你講話，而且大體上他們不會認錯人。但是沒有任何線索可以看出日後是否將永遠如此。你反而經常從他們的目光與行為當中，看到了自己的缺席。通常在這個時候，只要張口說話、提問題，或以其他方式表現自己，就能排除所有疑慮。但這也不是萬靈丹。仍然有些時候任你怎麼做，都難以相信自己並未消失。

碰到類似狀況時，你要仔細觀察自己的反應，是煩憂，還是心安。

87. 在自家划船

時間：約1小時
素材：划槳者或小船
作用：對稱

你有時會在家裡使用健身器材，或在湖邊的小船上划槳。知道嗎？划槳是一種哲學活動。好幾種理由可以證明這種說法。我們往往會忽略，「划槳」一詞通常指的是一種費力又見不到立即效果的差事（我在到達之前鼓足了勁划槳）。卻只注意到我們是在一個不屬於自己的物件上，以一種靈巧的方式行進。我們也知道那只是探索表象、看到表

面而已，並未真正深入探究，從另一個角度去看它背後蘊含了什麼樣的意義。但這還不是重點所在。

哲學與划船間晃最相近之處是：兩種情況的動作都有連續性，而且它們的規律性都源自彼此分割、但前後有接續性的重複努力。每划一下都是獨立的動作，能賦予小船一種單一的推動力，使之一顛一顛地前進。然而，當划槳者以流暢的方式將這些連續的推進力銜接起來時，小船便能持續而規律地前進，不會震動不穩。這或許稱得上是一種哲學的表現：每一次都是單一的推進，前後間斷，但是最後卻能整個形成同一軌道，向前推進，不至於停停走走。其關鍵在於：明智使用慣性力、滑行性能與衝擊波。

基本規則是：划槳時要遵守對稱性。只要有一點不平衡，右邊使的力氣大於左邊，或正好相反，軌道就會產生變化，小船會前後顛簸，船背扭動，突然間什麼都不對勁了。因此你得保持平衡，並且一直持續下去。你甚至得試著將此擴及想像的世界。下次在房內練習划槳時，想像自己置身湖上，看著湖水的顏色，遵守律動與對稱的規則。而再有機會到湖邊划船時，想像房間裡的家具就在四周，同時也必需遵守律動及對稱的划

槳規則。

一旦你能做到讓兩種划槳方式彼此接近，接近到只要做其中一種活動、就會聯想到另一種的時候，就可以思考這與哲學會有什麼關係。如果仍無法清楚領會箇中奧妙，就繼續做下去。

88. 在夜裡閒逛

時間：2或3個小時
素材：城市、夜晚
作用：過流浪生活

不少人認為我們只能以「沒有陽光」來定義夜晚。這種觀念不僅流於簡單，而且是錯誤的。夜晚用一種嶄新的面貌，替代我們白天所認識的世界。因此入夜後規約和行為都不一樣，思維也不同。連人本身是否還能維持原樣，都不大說得準。

這種轉變在城市最明顯。城市裡有一群特定的人習於夜間活動，但人數並不多，

甚至可說頗為稀少且分散。夜的世界是一段無法跟白晝相比的空間。我們選擇在晚間閒晃。閒晃即沒有特定目的在外走動。除非你在尋找一個獵物，而獵物本身也很難下定義。街道上幾乎空無人煙。你可能一直往前進，或許還可藉此熟悉城市的地形。無論走路或開車，城市的夜是開放的，教人想無止盡地遊逛下去。

嘗試看看在夜裡駕車或鼓足勇氣徒步的經驗，儘管不知要往何處去，仍勇敢邁向夜間寬闊的角落。即使已經習慣這麼做的人，仍能藉此發現一些新的事物。一座霓虹燈、一個地區、一場鬥毆或悲劇，甚至一齣戲劇、可預見的狂歡、空忙一場、偶發的樂事。尤其你將體認到，以不同的時空來做區隔，夜可以呈現出多重面貌。或許你會希望夜晚無止盡地持續下去，而將黎明視為一種失敗。你成天活在期盼暮色的情緒中。一天的結束對你來說，又是一個希望的開始。

你將會重新思考以下定義的真實性：「我們對啟蒙時代哲學家（法文以「光明」一字代表啟蒙）的定義是在黑暗中追求光明之人。」而意指靈魂的古希臘文*psyché*，其複數代表的是「飛蛾」。你自問這兩者之間，會有什麼關聯。

89. 依戀一個物品

時間：至少好幾年
素材：任何物品
作用：鞏固

重要的不是這東西美不美，或價值多少。它可以是再平凡不過之物，或者幾乎不具裝飾性或實用性，也沒什麼趣味性。就好像埋沒在櫃子某個角落裡的東西一樣，可能是因為你的疏忽或巧合而保留下來的。也許是自己孩子、父母或昔日戀人送的禮物。要不就是一趟旅行的紀念、一段插曲的印記，或是某個地方的見證。開始時，你並未注意到

它的存在。這不是你喜歡的東西，可能連其來源，或者它跟什麼東西、什麼人有關聯，你都不大清楚。

這個沒什麼重要性的物品，就如此留存了數年。在你不經意之中，成了沒有被丟棄、出售或送出的東西之一。在多少有點複雜的環境下，它就這麼從一個地方到另一個地方，一直跟著你四處奔波。有一天，這件東西的故事重新浮現在你腦海。它跟什麼人、什麼事物有關，你曾經很清楚，而且並沒有忘記。由習慣而來的某種親切感，就這麼加諸在這個物件上。它歷經了時間的考驗存留了下來，讓你心生感激。

現在，就算你根本不屬於盲目崇拜或迷信之人，你也會將此物放在心上，並與之維持一種深情、持久且穩定的關係。一旦看到它破裂或遺失，你會生氣、傷心。或許有一天你生病，感到脆弱、即將死去、老朽，或覺得跟周遭的一切完全斷絕關係，世界崩塌了，自己毫無外援，而且正滑入一個無底洞時，可能會將這件舊物品拿在手上，認為有這個最後的支撐才不會整個人都沉沒下去，因此你緊抓著不願鬆手。誰知道呢？

90. 頌揚聖誕老公公

時間：約10分鐘
素材：一個會場
作用：使人重振

不再相信聖誕老公公的存在，被視為是長大的象徵。輕信人言，任人哄騙，或天南地北跟你胡扯的弱小時期結束了。擺脫幼年期好一段時間後，現在的你是強壯的成人了，對事物多半抱持不輕信、不抱幻想的態度，至少已經不會再輕易受騙上當。

你真的這麼有把握？事情就這麼簡單嗎？你相信自己純粹從中獲利了？你變得較有

自主性，可能也比較明理。但卻少了些夢想、希望，思想的境界也變狹隘了。聖誕老公公以及所有跟他有關的事物，能讓你留住歡樂童年的片段。臉色紅潤、萬般慈愛的聖誕老公公，看似平凡卻充滿魔力，全身上下散發出溫暖，以及如仙女般吸引人的氣息。閃閃發亮的天堂，隨和又令人安心的世界。你可能想清醒驕傲地略過這些。但或許不大可能。

聖誕老公公會不斷重新出現，只是模樣可能跟你我印象中的好好先生有些出入。換句話說，就是比較貼近現實，外表不再那麼天真無邪。我們繼續夢想。但這一次是以科學、革命或成功之名。因此我們是一邊夢想，一邊認為自己已脫離做夢的年紀。或許還是穿著紅衣、駕著雪橇的聖誕老人比較好。

試試在公眾場合頌揚聖誕老公公。無論在朋友或陌生人面前都可以。說世人沒有好好為聖誕老人辯護是件憾事，說你希望他是真實的存在，並表明希望由立場客觀的專家組成一個委員會，舉辦一次全球性的大調查，以澄清至今仍難解的一些謎團。

記住，聖誕老公公是人類的恩人。長久以來，他年復一年為全球千百萬孩童帶來玩

具與夢想。只是聖誕老人的存在仍是最近的事，他還很脆弱。一九五一年法國第戎的天主教徒指稱這名勇敢的英雄人物會威脅到耶穌的存在，會讓原本歲末忙著慶祝耶穌誕生的人分心，因此燒毀了其人頭像。

投入足夠的熱情、信心與熱誠。你心裡究竟怎麼想並不重要。但要盡可能發揮說服力。這項體驗的目的不是要去影響任何人。你只要觀察人們在聽到頌揚聖誕老公公的言詞時，必然會產生兩種不同的反應。有人會聳聳肩，不表贊同，並認為你很愚蠢，傻乎乎的。另一部分的人則會站在你這一邊，提議成立一個捍衛委員會，並立即投入「通煙囪」的工作。你並未失掉一切。

91. 跟孩子玩

時間：30至40分鐘
素材：各式各樣
作用：瓦解

跟一位完全不會說話，或只能說幾個字的孩子一起玩，印象會最深刻。譬如一、兩歲的小孩。無論如何最好不要超過三歲。選擇一種他已經很熟悉、知道怎麼玩的遊戲，讓這孩子感覺像在家裡一樣，可以放鬆心情，自由自在地玩。你只要跟著進入遊戲中即可。順著他的方式做，而不是按照你的。接受無止盡的重複，不合邏輯的規則、等待的

時間，以及時而無厘頭的激動。這項體驗主要是讓你盡可能將所謂的成人正常世界擺一邊，進入孩子的遊戲世界。

視情況多少付出一點努力、實踐力，展現一點靈活度或滿不講理的態度，你就能成為孩童遊戲世界的一員。或許你只能做到一部分，這也無可厚非。這麼做並非要變得完全被動，只是要讓你真正成為世界的一份子。但這有時並不容易。

接下來觀察看看如此投入、在你重返成人「正常世界」時會有什麼影響。你的體驗現在正進行到一半。如果先前夠認真，放棄自我思想（這與孩童遊戲世界是不相容的）的連續性夠澈底，時間又夠長，可能很難一下子將它重新找回來。要是你能用心體會，那麼這個找回自我之前，失去感覺、一時失神、陷入摸索的階段，應該就是最有趣的關鍵。

即使進入孩童遊戲世界的片刻，時間稍短又不甚完美，也能讓你受到頗為嚴重的破壞，需要做後續補救的工作。這樣的心靈重建得花上一段時間。你或許無法馬上知道該做什麼、擔心什麼或高興什麼。你的內在已經受到破壞，復原所需的努力卻不是一蹴可

幾的。

這樣的經驗有助於深思以下的問題：你所認定的「正常」心智狀況，範疇竟如此狹隘，又如此地脆弱。

92. 純粹碰運氣

時間：2秒鐘
素材：賭場或類似的場所
作用：冒險

你剛剛下了賭注。遊戲純粹靠機運，無須憑藉任何才能，也不可能進行任何干預。你最好對結果頗為在意。輸贏必須是舉足輕重的。如果贏錢，物質生活可獲得明顯改善。因此，不妨一本正經告訴自己，未來的生命歷程繫於賭注的結果。你的將來有一大部分取決於難以自我掌控的因素：輪盤上球珠的行進路線、綠墊上出現的一張卡牌，或

者機器螢幕上幾張圖案是否排成一直線。

你應該去體會，這樣的情況沒有任何意義。最後不是贏，就是輸，這是必然的。儘管贏的機會不等於零，輸的機會卻大得多。這兩者的機率都算得出來，卻都不具意義。這是最難領會的一點。

以財務的角度來看，你可能會維持現狀，或相反地一夜致富。但是這個有多重可能性的未來，純粹由機運左右，不具任何意義或目的。而其結果與你的表現或過失毫無關聯。你就是要靠運氣，聽任無厘頭又沒有目標的隨意性擺布。輸贏再過一秒鐘就成定局了，只是取決的過程卻不符合任何形式的公平性。

你可能會試著以各種不同的解釋、祈求、盼望、推算、種種神奇的默想，填補這道空缺。以強烈而赤裸裸的方式，接受命運繫於荒謬片刻的事實，需要一股強大的心靈力量。如果我們已長大成人，或許就得在任何時刻都具備足以應付一切的能力。

93. 跪著朗誦電話簿

時間：剛好15分鐘
素材：一本電話簿，最好是舊的
作用：恭敬

喜愛固定儀式的人總會不斷重複：做某些動作，信仰就會臨到你。跪下來按照固定模式誦讀，信仰將尾隨而來。這種說法或許會讓真正誠心投入的信徒覺得刺耳，卻不是漫無根據的。你可以藉以下的經驗，了解這一點。

連續幾天，每天都在固定的時間騰出十五分鐘。利用這一刻鐘的空檔，高聲唸出電

話簿裡同樣幾頁的內容。你必須清清楚楚，一行接一行地唸出姓名、地址及電話號碼。在此之前，你得花心思找到一本稍微老舊的電話簿。當然，並不是一定得這麼做。但選擇舊電話簿的好處是：可以讓誦讀的動作看起來近乎無用至極，像在唸一篇古老的、傳承多時的經文一樣。

無須因此而試圖賦予你的誦讀某種意義。也別認為自己是在為已故的電話用戶向電信局的神明祈求，或透過祈禱能跟大宇宙接上線。不是的。你只是每天跪著誦唸電話簿內頁十五分鐘，就這麼簡單而已。我們稱之為一種「習慣作法」。其他任何理論都只是多餘的點綴罷了。

除了膝蓋最後可能有點疼痛之外，你還能從這項體驗獲得什麼？這些荒謬束縛的強大力量，它奇特的迷惑力，以及我們必然會賦予它們的影響力。因為你很可能無法在沒有得到合理解釋的情況下，繼續下去。你可能一開始就想為自己的行徑拼湊出一種理由。就算是開開玩笑，也會虛構一種說法，讓這樣的誦讀及其目的與意義合理化。

若你無法喊停，就成立一個教派吧。

94.想想別人在做什麼

時間：10至15分鐘
素材：無
作用：顛覆

你有一段獨處的時間，不管有沒有理由，這份孤獨使你感到不安，覺得彷彿隔絕於世。這顯然是錯的。為了看出自己錯得多離譜，先想想在這個時候，你的近親、家人和好朋友們在做什麼。以最精確和最接近真實的方式，想像這些人正在從事什麼活動。同時也設想一下他們所處的空間，與你目前置身的地點相較，是在前方？後方？右邊？左

邊？比較高的地方？或是比較低的地方？想想看他們彼此之間的距離有多遠。從輪廓外形到舉止動作，以各種不同的角度看他們，然後逐步擴大視野。再將每位親友周圍的人加入畫面裡。

接下來，想想每座村莊、每個地區、每座城市的人正在做什麼。有誰在工作、哭泣或流浪？現在有多少人在睡覺？以全球的角度來思考這個問題。就是現在，有多少比例的人在打呵欠？剪指甲？痛得身體蜷了起來？微笑著醒來？正在喝湯？樂得大聲尖叫？或是無聊得要死？

當下多少人在彈鋼琴？聽巴哈的曲子？在躲警察？正從圖書館走出來？在搭飛機？或在擦屁股、洗手、刷牙、擤鼻涕？多少人在哭，多少人在笑？在當眾發表言論？正在傾聽？正在嘗試自殺？

現在這個時候，又有多少人在問相同的問題呢？

95. 到處演戲

時間：數小時至數年
素材：無
作用：抵抗消沉

人往往要到面臨沮喪消沉的時候，才能真正體認到生命是嚴肅的，世界是現實的，以及話語的真實性。還好對抗這種惱人傾向的方法，不會太複雜。至少開頭時，只要有步驟地把每一個情況變成喜劇即可。這樣的轉變不僅要影響到你內心對事情的看法，你還得配合著改變聲音、手勢動作、言語，甚至事情實際的進展。

譬如，今天早上不會去麵包店和郵局買法國長棍麵包及郵票。但你開始想像自己趾高氣昂走進麵包店的模樣。注意推門的方式（手臂的動作、稍微推快一點，但是別太粗魯）。調整好嗓門，清楚而大聲地說聲「早安」，這是一早進門買凱旋麵包的客人所道出的早安。點東西、付錢、拿回找零、說再見、道謝，都必須維持得意洋洋的姿態。注意自己所做的一切：裝出適當的動作，踏著勝利者的步伐走向門口，甚至給擦肩而過的婦人一個會心的微笑，因為從對方的長相來看，鐵定是來買一塊切好的軟麵包以及兩塊杏仁小甜點的。

接下來你有三分半的時間，邊走邊考量如何模仿另一個角色：一位購買郵票的客人，畏畏縮縮地來到一間陌生的郵局，他可能在國外待了太久，因為不熟悉該怎麼做而顯得有些害怕，也可能是剛從醫院出來，臉上看不見傲氣，甚至有些罪惡感。他笨拙地將長棍麵包拿在手上，怎奈麵包體積太大礙手礙腳，藏又藏不住，一時之間不知如何處置，只覺得自己很糗。

就這樣下去。祝你有個愉快的一天。

96. 在腦中殺人

時間：15至20分鐘
素材：無
作用：使人寬慰

從道德角度來看，禁止殺人不是件壞事。但其弊病仍不容小覷，試想，為數眾多心胸狹隘及愚蠢的人，是否將因此而持續穩定增加。所以，如果你正在跟一個呆子、壞蛋、惡棍、無賴生氣，何不試著以明確、清晰的方式，在腦海裡想像殺了他的樣子。不必有不安的感覺。

選擇好時間、地點、方式（武器、設備）。接著，就以下的可能性做出選擇：自己動手、請別人代勞、是否要在場、事前要不要施以酷刑、是否要流血。鉅細靡遺地想像各個不同的場景。不要忽略掉屍體最後的模樣。將過程趣味化、精緻化、激烈化，勇於展現自滿而冷酷無情的一面。大膽嘗試如巴黎格朗吉尼歐戲院（Grand-Guignol）上演的恐怖劇，模仿導演戈爾・維賓斯基（Gore Verbinski）的恐怖電影，或是法國作家薩德（Sade）筆下人物的冷酷無情。練習愉快地想像這些謀殺的情境，然後再樂上一段時間。

別怕因此染上惡習，認為它要不了多久就會讓自己陷入罪惡深淵。你並不會因為在腦海中殺了鄰人就成為罪犯。相反地，你愈能接受這種私密快感，不會因此感到不安或有罪惡感，就愈能藉由復仇影像滿足自我，並且更懂得尊重鄰居應有的基本權利，尊重其生命及人格的完整性。何況對方根本沒死。這個下流胚……

97. 漫無目的搭捷運

時間：1小時左右
素材：地鐵
作用：現代化

大眾運輸工具是講求功能性的。你可以藉助它們從一個地方到另一個地方去。如此而已。就算搭乘大眾運輸工具能帶給你快樂（很高興能出外旅行，或再見到蘇珊），令你感到愉快（舒適、有效率等），它也只是具有實用性而非娛樂性。你來此是為了搭車、閒逛或搭飛機。一般人不會認為到這兒只是為了凝視冥想。那你就試著什麼都別做，單單觀看周遭發生的一切，出神地看著就好。

嘗試看看。實地搭個交通工具「走動」，僅僅「搭乘」，而不去「使用」它。賦予這個世界擺脫單純工具化的片刻。譬如，在捷運車廂裡待上一個小時，只是待在那裡而已，別無其他目的。你可以走進一節車廂，從一站搭到另一站，再轉接其他路線的車。重點在於，你沒有目的地，沒有任何既定行程，換句話說，這趟外出沒有預設動機與目標。你到此一個小時，看看瞧瞧，如此而已。

這種最簡單的位移方式，很可能讓你在別人、自己身上，甚或在捷運上，發掘到比想像中還多的事。譬如你自問：這個時候，你是不是捷運車廂裡唯一一位單純「為坐車而坐車」的旅客。反之，你能想像如果所有上、下車搭捷運閒逛的乘客，都跟你一樣只是為了凝視車廂內的景況而來，會是什麼光景？一旦這種假設成立，大眾運輸工具的「功能說」，自然成了一種圈套，成為喜歡裝模作樣，卻膽小或虛偽的人的託詞。

這種或然性無法以任何有效的方式驗證，或予以否定。但你可以定期把自己觀察的結果，記錄在一本系統化整理過的筆記本裡。你不妨也比較歐洲或其他地區大城市地鐵系統所引發的困惑感，看看會有何不同。

98. 拿下手表

時間：難以確定
素材：一只手表
作用：失常

先衡量你中毒的程度。你每天看表三次？每小時四次？或次數更為頻繁？你可能對此一無所知，或你的估算值根本是錯誤的。先來做一番客觀的衡量。如果你平均每一刻鐘至少看一次時間，就是這項體驗適合的對象。

首先你必須取下手表，然後看看自己是否能「正常地」過生活。先從一段相對較短

的時間開始，最好選擇不需要精確安排時間的時段。譬如，一個待在家裡的午後，或是休息日。接下去再逐步進行更大膽的嘗試，例如外出或趕赴工作上的約會。原則上，你無法利用任何其他替代方式掌握時間，譬如早晨起床號、廚房掛鐘、公共時鐘或電腦上秀出的時間等。在欠缺時間指示工具的情況下，你反而要學會在驚惶浮動的情緒中自處。

感受一下手腕空出來，弄不清楚某些狀況，心裡暗自昏亂的奇怪感覺。哪些狀況？計時標準帶來的安全感？守時的藉口？你或多或少會有一點強烈而持久的不安。世界不再正常，彷彿一時之間沒調整好，變得不穩定而凌亂了。

如果能堅持下去，一再練習而且養成習慣，應該會對時間有另一種形式的認知。那是存乎內心、有生命力的，輕鬆、正確又不至於僵化緊繃的。你心裡彷彿多了一座時鐘，能讓你不加思索就知道正確的時間。你也會進一步思索：相對來說，手表的表面、指針以及時間，為人類生活帶來了何種形式的暴力與束縛？

99. 忍受囉嗦的人

時間：幾分鐘
素材：對話
作用：令人沉靜安適

這些人滔滔不絕、很囉嗦，叫他們閉嘴幾乎不可能。只要在門口、走道、歡迎會、晚宴，任何場合逮到你，絕不會輕易放手。他們說的話索然無味，卻執意要說給你聽。囉嗦是惹人厭的人性弱點。要如何閃躲有此癖好的人呢？學會停止聽他們說話。這樣的境界並非一蹴可幾，必須有一定程度的訓練，而且要反覆琢磨，直到熟練為止。面對叨

架的人，得盡你所能避免跟著對方的談話內容走。最好做到幾乎聽不進他說的任何話。只需一點練習，最後一定能將對方囉嗦的內容排除在外。其間最大的挑戰，當然是要做得不動聲色，讓對方察覺不出來。這項體驗就是要你做到在囉嗦者不知不覺的情況下，盡可能完全從中抽身。

你的眼神絕不能捉摸不定。反而要直盯著對方的眼睛，盡量裝出一副專注而感興趣的模樣（根據兩人開始談話之初的觀察，臉上帶點微笑，或是嚴肅而悲傷的表情）。每隔一段時間就點個頭，或以簡短的抱怨聲回應。但次數無須太頻繁。讓自己機械式地聽他說話：輕鬆地隨著對方的節奏及語調起舞，卻無須刻意付出注意力。只要稍稍習慣，就能掌握到停頓的時間將近，或者何時該迸出一句「有到這種程度？」或「真瘋狂」、「我真的不敢相信」來答腔。需要的話，也可以在聽完兩、三句話後，提出一個問題。想讓對方結束談話時（或在你昏昏欲睡時讓對方改變主題），這招尤其管用。

接下來，你必須試著讓技術更趨純熟完善。直到有一天你能跟一個囉嗦的對象熬到最後一刻，對方還很高興你如此專注地聽，就成功了。因為「與人為善」需要的實在不多。

100. 晚宴過後收拾

時間：1或2個小時
素材：在家設晚宴
作用：不定的

最後幾批賓客剛離開。所有的人似乎都很滿意。大家度過了歡樂的時光，有熱情的擁抱與重逢的喜悅。蠟燭、朋友，轉瞬即逝的小插曲和體貼的小計謀歷歷在目。還有音樂、歌曲與即興遊戲。葡萄酒香醇，肉食鮮美。每個人都帶了一點食物來，跟過去一樣，東西太多了。總之，一切都很順利美好。

現在屋子裡堆的都是空盤、半空的杯子和滿得都要溢出來的菸灰缸。成堆的餐盤與堆積如山的杯子放在一起。廚房裡杯盤狼藉，一片凌亂。冰箱像是被洗劫過一樣。你既無管家，也沒有膳食總管或佣人。時間已經很晚了，你又喝了不少酒。怎麼辦？

現今世上有兩種完全對立的流派，對世界、存在與時間關係的看法截然不同。

認為要立即提起勇氣的一派會告訴你：馬上行動，立刻把手浸入奶油和湯汁中，所有的餐盤泡在熱水泡沫裡，盡速將滿滿的垃圾拿下樓去倒，將所有東西都歸入定位。這種作法的明顯弊病是：必須用盡所有力氣，強打起精神來整理。好處是：隔天醒來時，房內的一切顯得整齊清潔。

善待自己、喜歡拖拉的人會告訴你，先去睡覺或放寬心一點，不需要立即投身大清理。他們不是保健醫生，卻會跟你強調讓狂歡的痕跡維持一段時間，浸淫在歡樂的氣氛中久一點，可以讓心靈得到滿足，並留下永恆的回憶。何況隔天再清掃，還可以重新回味晚宴的點滴。

這兩種流派完全不相容。長久以來，他們各自的信徒拒絕任何溝通，也從來沒有一個人能成功調解雙方的歧見。

101. 尋找輕柔的愛撫

時間：不定
素材：幾乎沒有
作用：不可思議

愛撫是精神層次的。因為它們是沒有實體的，不可能被局限在一種定義裡，甚或在一個特定的空間當中。愛撫只存在於即將消失的片刻。它存在的方式是一種持續性的不連貫，一種持續在瞬間即逝的狀態。它不斷從逐漸模糊中重現，似與空幻共舞，使原本明確的界線出現模糊的虹光。緊壓不是愛撫，應該算是按摩、刺激等多樣化卻截然不同

的活動。不去碰觸，愛撫自然失效。

這項體驗主要是去找出最輕微有效的愛撫。事實上愈是輕柔的愛撫，愈有威力；動作愈小，愈美妙。就像生死之間只有一線之隔，你只要能維持在近乎中止、卻依然存在的邊緣，而且一直持續下去，便能有所發現。

輕柔的愛撫能發揮無限可能的效用。對它們進行一部分的體會，要靠你自己用生命投入。特別重要的是，要去比較輕觸臉龐一小部分肌膚、背部、腹部或性器官所帶來的不同感觸與結果。再者，你還得親自去感受、思索：對自己的身體或對別人的肉體進行輕柔愛撫，以及由他人做在自己身上，這三種不同方式會為你帶來什麼不一樣的感受。

最後建議你不要忽略輕柔愛撫與心醉神迷之間的微妙關係。或許從歐洲歷史便可看出兩者關係轉變的奧妙。根據歐洲文化傳統，身體是上帝賦予的榮耀，不能隨便碰觸（不要碰我！）。另一方面則是戰後超現實主義的處方：請你一定要行動（請摸我！）。

國家圖書館出版品預行編目（CIP）資料

拔一根頭髮，在幻想的森林中漫步：101個哲學的日常體驗／羅傑－坡爾．德瓦（Roger-Pol Droit）著；胡引玉譯. -- 二版. -- 臺北市：大塊文化出版股份有限公司，2022.02

面；　公分. --（From；13）

譯自：101 Expériences de Philosophie Quotidienne

ISBN 978-986-0777-84-0（平裝）

1. 人生哲學

191.9　　　　110021720